# CONTENTS

**Gunnar Ekelöf**   67

Introduction by Robert Bly   69

*From Sent på jorden, Dedikation, Sorgen och stjärnan,*
    *Färjesång, Non serviam, and Sent på jorden med*
    *Appendix 1962*   73

"Blommorna sover i fönstret och lampan stirrar ljus"   74
"The Flowers Doze in the Window and the Lamp Gazes Light"   75

Oktoberspegel   76
Mirror of October   77

Sonatform, denaturerad prosa   78
Sonataform, Methylated Prose   79

Choros   80
Chorus   81

"Förlamad av natten"   82
"Paralyzed by the Night"   83

På natten   84
At Night   85

Drömd dikt   86
A Dreamt Poem   87

Månen   88
The Moon   89

Variationer   90
Variations   91

Enquête   106
Questionnaire   107

Etyder   108
Etudes   109

En julinatt   114
A July Night   115

Svanen   118
The Swan   119

# Tomas Tranströmer

ix

# Friends, You Drank Some Darkness

To: Mom
christmas 1981

For a little culture
before the next
trip to Sweden!

**Seventies Press Books published by Beacon Press**

Forty Poems Touching on Recent American History
*Edited by Robert Bly*

The Sea and the Honeycomb
A Book of Tiny Poems
*Edited by Robert Bly*

Neruda and Vallejo
Selected Poems
*Edited by Robert Bly*

Miguel Hernandez and Blas de Otero
Selected Poems
*Edited by Timothy Baland and Hardie St. Martin*

Lorca and Jimenez
Selected Poems
*Chosen and Translated by Robert Bly*

Friends, You Drank Some Darkness
Three Swedish Poets
Martinson, Ekelöf, and Tranströmer
*Chosen and Translated by Robert Bly*

# Friends, You Drank Some Darkness

## THREE SWEDISH POETS

# Harry Martinson
# Gunnar Ekelöf

### AND

# Tomas Tranströmer

### CHOSEN AND TRANSLATED BY

# Robert Bly

### BEACON PRESS
### BOSTON

9   8   7   6   5   4   3   2

We are grateful to Harry Martinson, Ingrid Ekelöf, Tomas Tranströmer, Författer Förlag, and
Bonniers Förlag for permission to publish these poems in Swedish and English.
    The translations of Harry Martinson were published earlier in *Unicorn Journal, New Letters,
The North Stone Review, First Issue, Mundus Artium, Hanging Loose, The Nation, Some, Stand,
Steelhead,* and *Field*; and we are grateful to the editors of these journals for permission to reprint.
    Our thanks, also, to the editors of *Odyssey, The Nation, Chelsea, The Hudson Review, Poems
From the Floating World, The Village Voice, The Fifties, The Times Literary Supplement, Stand,
Solstice, The Lampeter Muse, Adam,* and *Some,* who published earlier translations of
Gunnar Ekelöf.
    Thanks, too, to the editors of *Cafe Solo, Field, Transpacific, The Seventies, Changes, Micromegas,
Doones, The Seneca Review, The Times Literary Supplement, London Magazine, The Malahat
Review, Kayak, Granite, Books Abroad, Suction 3, Steelhead, Red Cedar Review, Land at the Tip of
a Hair, Second Aeon, Mundus Artium, First Issue,* and *Hawaii Literary Review,* who published
earlier translations of Tomas Tranströmer.
    Some of the Ekelöf poems were published in 1968 by Charioteer Press under the title
*I Do Best Alone At Night*; these poems are printed with their kind permission. Lillabulero Press
published eleven poems of Tranströmer in 1971 under the title *Night Vision,* and we appreciate
their permission to print here.
    For help with the translations, I want to thank especially Christina Bratt Paulston, Ingrid Ekelöf,
Carol Bly, Monica Tranströmer, and James and Sue Scherer.
    Photo credits: Ekelöf, Sveriges Radio; Martinson, Frederick Fleisher; and Tranströmer, Hollerer.

Library of Congress Cataloging in Publication Data

Bly, Robert, comp.
    Friends, you drank some darkness.
    English and Swedish; commentary in English.
    "Seventies press books."
    Includes bibliographies.
    1. Swedish poetry— 20th century.    I. Martinson, Harry, 1904–    II. Ekelöf, Gunnar, 1907–
III. Tranströmer, Tomas, 1931–    IV. Title.
PT9583.B62        839.7'1'708        73–6244
ISBN 0–8070–6390–8
ISBN 0–8070–6391–6 (pbk.)

# HARRY MARTINSON

Harry Martinson, *courtesy of Frederick Fleisher*

Harry Martinson was born in 1904. When he was fifteen he ran away from home, and went to sea, and went on working as a seaman while all of his poetic contemporaries were going to universities or arguing about Spengler and Valéry. It is clear from the nakedness of his poems that for years he walked around the world in charge of his own skin, and of little more.

His poems have a curious and luminous grace of language. The poems slip on through their own words like a ship cutting through a quiet sea. Everything feels alive, resilient, fragrant, like seaweed under water. His poems feel in Swedish a little like Lawrence in "Bavarian Gentians" or Whitman in some of the sea passages of "fish-shaped Paumonok." A good Martinson poem is like a tunnel that is open at both ends; his poems never close with a snap.

His poems have something that Lawrence's do not, as well. We feel in his work an experience of modern commerce possible only to one who has made his living in it. His work as a seaman brought him in touch not only with the romantic body of the sea, as similar work did for Gary Snyder, but also with the stiff skeletal will of commerce. When Martinson talks of trade, he drops all thought of brotherhood; he knows it cannot be reformed. Meeting Ogden Armour's yacht is like shaking hands with a rock.

His poem on the Congo seems to me one of the few noble poems ever written by Europeans about Africa. It is not self-deluding; he is aware the Bantus are saying in their language, Go to hell. His poems, by their sheer grace, shoot into the future and become prophetic without elaborate superstructure. Euclid's horror as he finds how flat Hell is reminds one of Herbert Marcuse's recent and sobering description of one-dimensional man, whom Marcuse regards as a species unique to this century.

Martinson's recent long poem, *Aniara*, set on a space ship, has been turned into an opera, and in the last years has become a popular avant-garde opera in Europe.

Robert Bly

Other Martinson Books in English:

No other poetry collection has been published, although one has been prepared by Leif Sjöberg and W. H. Auden.

*Cape Farewell,* translated by Naomi Walford (London: Cresset, 1934), short stories, out of print.
*Flowering Nettle,* translated by Naomi Walford (London: Cresset, 1935), novel, out of print.
*The Road,* translated by M. R. Michael (London: Jonathan Cape, 1955, and New York: Reynal, 1956), novel, out of print.
*Aniara: A Review of Man in Time and Space,* adapted from the Swedish by Hugh MacDiarmid and Elspeth Harley Schubert, introduction by Tord Hall (New York: Knopf, 1956, and London: Hutchinson, 1963), long narrative poem, out of print. Opera version, adapted by Blomdal, available on Columbia Masterworks, LP M25902.

*from*

SPÖKSKEPP    (*Ghost Ship*)   *1926*

MODERN LYRIK  (*Modern Poems*)   *1931*

NOMAD  (*Nomad*)   *1931–34*

# KABELSKEPP

Vi fiskade upp atlantkabeln mellan Barbadoes och
          Tortuga,
höllo upp lyktorna
och beslogo nytt katschuk på såret i dess rygg
15 grader nordlig bredd, 61 grader västlig längd.
När vi satte örat till det gnagda stället
hörde vi hur det surrade i kabeln.

—Det är millionärerna i Montreal och S:t John som
          tala
om priset på kubasockret och sänkningen av
våra hyror, sade en av oss.

Vi stodo där länge och tänkte, i en krets av lyktor,
vi tåliga kabelfiskare,
så sänkte vi den lagade kabeln ned till
sin plats i havet.

## THE CABLE SHIP

We fished up the Atlantic Cable one day between the
              Barbadoes and the Tortugas,
held up our lanterns
and put some rubber over the wound in its back,
latitude 15 degrees north, longitude 61 degrees west.
When we laid our ear down to the gnawed place
we could hear something humming inside the cable.

"It's some millionaires in Montreal and St. John
talking over the price of Cuban sugar, and ways to
reduce our wages," one of us said.

For a long time we stood there thinking, in a circle of
              lanterns,
we're all patient cable fishermen,
then we let the coated cable fall back
to its place in the sea.

# EFTER

Efter slaget vid Helgoland
och efter slaget vid Utshima
upplöste havet människolikens drivtimmer.
Behandlade dem med sina hemliga syror.
Lät albatrosser äta deras ögon.
Och förde dem med upplösande salter
sakta tillbaka till havet—
till ett kambriskt skapande urvatten,
till ett nytt försök.

# AFTER

Following the battle of Heligoland,
and after the battle of Utshima
the ocean dissolved the flotsam of bodies.
Treated them with its secret acids.
Had the albatrosses eat up their eyes.
And used its fierce salts to guide them
carefully back to the ocean—
the old fertile Cambrian water,
for a new try.

# FYRMÄSTAREN

I tunga flåsande nätter,
när fyren gungar under stormskyarna
och det mareldsgloende havet klättrar uppåt skäret,
sitter du tyst och tänker—
på Lizz—som en gång bedrog dig—
och den ödeskriande längtan, som förvisade dig hit ut
till det stormgnagda Scilly.
Och du mumlar något för dig själv
i långa stormnätters vakter
medan fyren kastar sitt ljus hundra mil ut
        i stormarna.

## LIGHTHOUSE KEEPER

In the puffing gusty nights,
when the lighthouse sways under storm clouds,
and the sea with its burning eyes climbs on the rocks,
you sit silently, thinking—
about Liz—who betrayed you that time—
and the fated, howling longing that exiled you out here
in the stormbeaten Scilly Islands.
And you mumble something to yourself
during the long watches on stormy nights
while the beacon throws its light a hundred miles out
            in the storm.

# UTE PÅ HAVET

Ute på havet känner man en vår eller en sommar bara
        som ett vinddrag.
Den drivande Floridatången blommar ibland
        om sommaren,
och en vårkväll flyger en skedstork in mot
        Holland.

# OUT AT SEA

At sea you know spring or summer just as a
        faint wind.
Sometimes in summer the drifting Florida-weed puts
        out blossoms,
or one spring evening a spoon-billed stork flies in
        toward Holland.

# JAG SER LÅNGT BORTA

Jag ser långt borta kvinnor.
De bada i en sommarfläckig sjö.
Hör deras glassköra skrik
dansa över vattnens blåa hinnor. Ser som en
blomfackla och ett helgonrop
deras vita nakenhets lov
resas i en blommande vildapels japanska vålnad.
Solrök. Solrök.

## I SEE WOMEN

I see women far off.
They are bathing in the summer-freckled lake.
I hear their cries frail as glass
dance over the thin skins of the water. I see like a
torch of flowers and a saint's shout
the praise of their white nakedness
rising through the Japanese ghost of a blossoming
           wildapple tree.
Sunsmoke. Sunsmoke.

# NAMNLÖST

Undersamt är att om vintern dansa på isen—
och att bära minnet av blossen
som för länge sedan lyste oss
då de svängde av och an i vinden från norr.

Det hände också små ting som följde med.
Sparkstötten bräckte sitt spinkiga ben
och på zinkgråa isen virvlade vi runt som
           matsäckskorgar i snö.

Clary—du och jag.
Vi sutto inne i det snöiga strandsnåret,
vi kissade i snön
och skrattade däråt, som barn göra.
Det var nödvinter, med rachitis,
och epidemierna gingo kring sjön.

Clary—du med dina fräcka, vackra ögon—
du dog innan du fått dina bröst.

## NO NAME FOR IT

It's marvelous in winter to dance on the ice—
and to carry memories of the torches
that threw light on us so long ago
as they swayed back and forth in the north wind.

And other insignificant things happened at the same
            time.
The kicksled broke a thin leg
and we rolled around like food baskets in snow on the
            zincgray ice.

Clary—you and I.
We sat down deep in the snowy bushes by the shore,
we pissed in the snow,
and laughed like mad about it, as children do.
There was a starvation winter, with rickets,
and epidemics going all around the lake.

Clary—you had such impudent, beautiful eyes—
and you died before your breasts had begun to grow.

# ZIGENARSKRATT

Tältet, seglet, den vita himlen
och ditt brösts bleka druva;
med sådana syner blev jag erövrare,
for med kärrornas bentorra hjul
skramlande ur dammskyn
hän mot ljusa Thebe,
hän mot mörka Trondhjem;
där spådde vi i porslinskoppen
och händerna
fräckt och frånvarande
medan våra själar samma kväll reste bland
        antipoderna.

# GYPSY LAUGH

The tent, the sail, the white sky
and the pale grape of your breast:
visions like this made me a conquistador,
I drove off with chariot wheels dry as bones
rattling out of the dustcloud
going toward snowwhite Thebes,
going toward black Trondheim:
there we read the future in a teacup
and in hands
recklessly and absently
while our souls the same night were traveling on the
           other side of the world.

# PÅ KONGO

Vårt fartyg "Havssmedjan" girade ur
passaden
och kröp uppåt Kongofloden.
Lianerna hängde nedsläpande på däcken som loggar.
Vi mötte Kongos berömda järnpråmar,
deras heta plåtdäck myllrade av negrer
från biflodsområdena.

De satte händerna till munnen
och ropade "må fan ta dig" på ett bantuspråk.
Vi gledo undrande och beklämda genom tunnlar
av grönt
och kocken i sin kabyss tänkte:
"nu skalar jag potatis i det inre av Kongo."

Om nätterna glodde "Havssmedjan"
med röda ögon in i djunglerna,
ett djur röt, en djungelråtta plumsade i floden,
en hirsmortel hostade vasst
och en trumma klang dovt någonstans från en by där
gumminegrer levde sitt slavliv.

## ON THE CONGO

Our ship, the Sea Smithy, swerved out of the
                tradewinds
and began to creep up the Congo River.
Vines trailed along the deck like ropes.
We met the famous iron barges of the Congo,
whose hot steeldecks swarmed with negroes from the
                tributaries.

They put their hands to their mouths
and shouted, "Go to hell" in a Bantu language.
We slid marveling and depressed through the tunnels
                of vegetation
and cook in his galley thought:
"now I am peeling potatoes in the middle of the
                Congo."

At night the Sea Smithy
goggled with its red eyes into the jungle,
an animal roared, a jungle rat plopped into the water,
a millet mortar coughed sharply,
and a drum was beating softly in a village somewhere
                where the rubber negroes were going on with
                their slave lives.

# BOMULL

Den dagen då de spänt kabeln från Amerika till Europa
sjöngo de mycket.
Kabeln, den stora sjungande kabeln togs i bruk
och Europa sade till Amerika:
Ge mig tre millioner ton bomull!
Och tre millioner ton bomull vandrade över havet
och blev till tyger:
tyger varmed man tjusade Senegambiens vildar,
och bomullskrutet, varmed man dödade dem.
Sjung högt, sjung högt
på alla senegambiska trader!
om bomull!
om bomull!

Bomull, bomull, ditt snöfall över jorden!
din vita frid till våra svepningar!
dina vita fotsida kläder då vi vandra in i himmelen
frälsta av Booths jesusansikte i alla världshamnar.
Bomull, bomull, ditt snöfall:
svepande världen i ny nödtorfts fäll
höljde du oss, skymde du vår blick med ditt moln.
Vid mynningen av Marknadsfloden,
på alla marknaders och bytens vida hav,
mötte vi, bomull, bomull,
din böljas lagar,
din böljas hot.

## COTTON

The day they strung the cable from America to Europe
they did a lot of singing.
The cable, the huge singing cable was put in use
and Europe said to America:
Give me three million tons of cotton!
And three million tons of cotton wandered over the
            ocean
and turned to cloth:
cloth with which one fascinated the savages of
            Senegambia,
and cotton wads, with which one killed them.
Raise your voice in song, sing
on all the Senegambic trading routes!
sing cotton!
cotton!

Yes, cotton, your descent on the earth like snow!
Your white peace for our dead bodies!
Your white anklelength gowns when we wander into
            heaven
saved in all the world's harbors by Booth's Jesus-like
            face.
Cotton, cotton, your snowfall:
wrapping the world in the fur of new necessities,
you shut us in, you blinded our eyes with your cloud.
At the mouth of the Trade River,
and on the wide oceans of markets and fairs,
cotton, we have met there
the laws of your flood,
the threat of your flood.

# LANDSKAP

En bro av sten i lummigt land.
En gosse där. Han ser hur floden går.
Och längre bort: en häst, med solen på sin rygg.
Han dricker tyst,
hans man går ner i vattnet
som indianens hår.

## LANDSCAPE

A stone bridge in a woody place.
A boy there. He watches the river move.
And farther off: a horse, with the sun on its back.
He drinks silently,
his mane falls into the water
like an Indian's hair.

# SKAPELSENATT

Vid stenbron möttes vi,
björkarna höllo vakt,
ån blank som ålen slank mot havet.
Vi slingrade oss samman för att göra Gud,
suset gick i höstsäd
och rågen sköt ut en bölja.

# CREATION NIGHT

We met on the stone bridge,
the birches stood watch for us,
the river gleaming like an eel wound toward the sea.
We twisted together in order to create God,
there was a rustling in the grain,
and a wave shot out of the rye.

# MARSKVÄLL

Vårvinterafton och tö.
Pojkarna ha tänt en snölykta.
För den som for förbi i rasslande kvällståget
skall den stå som ett rött minne i tidernas grå,
ropande, ropande ur risiga skogar i tö.
Och aldrig kom resanden hem,
men i lykta och stund låg hans liv.

# MARCH EVENING

Winterspring, nightfall, thawing.
Boys have lit a candle in a snowball house.
For the man in the evening train that rattles past,
it is a red memory surrounded by gray time,
calling, calling, out of stark woods just waking up.
And the man who was traveling never got home,
his life stayed behind, held by that lantern and that
         hour.

# BREV FRÅN EN BOSKAPSBÅT

Vi mötte Ogden Armours lustjakt
på höjderna av Balearerna.
Han är som bekant vår redare—
äger fem svinslakterier i Chicago
och åtta oxslakterier vid La Plata.
Han satte tuben till ögat och sade helt säkert:
—Å, fan! Det är ju min gamla boskapsbåt Chattanoga.

Vi sänkte flaggan och alla oxarna satte i att böla
likt tusen hesa sirener över det ändlösa havet.
Det lät nästan beklämmande,
och jag var böjd att kalla alltsammans: köttets lov.

Efter detta fick vi en svår storm,
och oxarna, vilka som bekant ha fyra magar,
ledo svårt av sjösjukan.

# LETTER FROM A CATTLEBOAT

In the latitude of the Balearic Islands
we sighted Ogden Armour's yacht.
This cargo ship is part of his fleet, as you know,
he has five slaughterhouses in Chicago,
and eight packing plants near LaPlata.
He put his telescope to his eye and no doubt said,
"Oh Christ! It's nothing but my old cattleboat, the
            *Chattanooga.*"

We dipped the flag and all the cows started in mooing
like a thousand hoarse sirens over the endless ocean.
It was depressing,
and I felt like writing the whole thing off as: flesh
            praising flesh.

Shortly after we hit a heavy storm
and the cows, that have four stomachs, as you know,
had a bad time with seasickness.

from

NATUR   *(Nature)*   *1934*

PASSADER   *(Winds of Passage)*   *1945*

CIKADA   *(Cicada)*   *1958*

DIKTER OM LJUS OCH MÖRKER
*(Poems on Light and Dark)*   *1971*

# HÖST

Landskapet framstår med hästar
och hårdknutna plöjare som se emot havet.
Plogen gör höstens första svarta repa i den gula
        sädesstubben
    vidgar sitt morgonskär till en dagens mörka
    kvadrat,
        som blir större och större, tills de höljs i
        skymningen,
        sväller med sitt mörker in i natten.

## FALL

The fields come toward us with horses
and tough-jawed ploughmen who look toward the
        ocean.
The plow slices the first band of black in the yellow
        fall stubble,
    widens its morning strip to the day's rectangle,
    which widens and widens until it merges with
            the dusk,
        opens with its darkness into night.

# BJÖRKEN OCH BARNET

Svaghet har byggt på styrka mitt barn;
och styrkan har spelat med svaga.
I dag skall du smeka min näver;
i morgon skall du ha aga.

Långt bort i de värnlösa åren,
så helt utan köld eller hetta,
stod undrande bottenlöst öga
i natten och grät över detta.

## THE BIRCH AND THE CHILD

Weakness has built itself up on strength, my boy,
and strength has played games with the weak.
Today you will pat my bark,
tomorrow you will be beaten.

Far off in the defenseless years,
so utterly without heat or cold,
an endlessly deep wondering eye stood there
in the night and wept over this.

# KRAFT

Ingenjören sitter vid hjulet
och läser i juni kväll.
Kraftverket mumlar inåtvänt i turbinerna,
dess lummigt inbäddade hjärta slår lugnt och starkt.
Löven skälva ej ens
i den stora vita björken som står blyg vid
    betongdammens källa.
Igelkotten går snaskande längs floden.

Brovaktens katt lyssnar hungrigt till fågelsången.
Den ilsnabba tysta kraften sissar långt i hundramila
    trådar
innan den bullras till i skrytsamma städer.

# POWER

The engineer sits by the big wheel,
all through the June night, reading.
The power station mumbles introverted in the turbines,
its leafy, embedded heart beats calm and strong.
The timid birch stands tall by the concrete mouth of
        the dam;
not a leaf quivers.
The hedgehog slobbers along the river bank.

The guard's cat listens hungrily to birdsong.
And the power whistles away along a hundred miles
        of wire
before it suddenly rumbles down into the braggart
        cities.

# HAVSVINDEN

Över ändlösa oceaner framgungar havsvinden—
breder ut sina vingar i natten och dagen,
höjer och sänker sig
över de eviga havens ödsliga gungande golv.
Det nalkas morgonen
eller det nalkas aftonen
och havsvinden känner i sitt ansikte—landvinden.

Klockbojarna tona morgon och aftonsånger,
en kolångares rök
eller en fenicisk beckelds rök dunstar vid horisonterna,
ensam manet gungar med blålysande rötter tidlös
          omkring.
Det nalkas afton eller morgon.

## THE SEA WIND

The sea wind sways on over the endless oceans—
spreads its wings night and day
rises and sinks again
over the desolate swaying floor of the immortal ocean.
Now it is nearly morning
or it is nearly evening
and the ocean wind feels in its face—the land wind.

Clockbuoys toll morning and evening psalms,
the smoke of a coalboat
or the smoke of a tar-burning phoenician ship fades
          away at the horizons.
The lonely jellyfish who has no history rocks around
          with burning blue feet.
It's nearly evening now or morning.

# från PASSADER

## 7

Kap Verdevinden tog de vilseseglade.
Likt löv som fara ut och dragas med
drogs skeppen in och fördes bort allt längre
som i en oavlåtlig flod av vind.                    •

Så växte världens välden.

Och dessa vindar kallades passader,
snart kallades de: Trade winds: handelns vindar.
I deras banor tjänte sjömän under köpmän
som hade funnit mänskans längtan vara god
att frakta varor med från Calicut.

## 8

Av ibererna kallades passadhavet Damernas hav:
el Golfo de las Damas.
Dit ut förde de damerna till dans.
På detta sätt seglade de till Nya världen.

Deras skepp hade ståtliga namn.
Namn av en tid som var havsrusig:
Nuestra Señora de la Encarnacion Desengana.
Nuestra Madre del caba Donga.

## from THE WINDS OF PASSAGE

### 7

The wind off Cape Verde took the stray ships with it.
Like leaves that float out and are pulled along
the ships were pulled along and carried still further
                away
as if on a continuous river of wind.

So the empires of the world increased.

And these winds were known as The Winds of Passage;
soon they were called: the Trade Winds.
Along those tracks the seamen served under the
                businessmen
who had discovered that the longings of mankind were
                useful
in getting things brought back from Calicut.

### 8

The old Iberians called the Wind Passage route
The Gulf of Women: el Golfo de las Damas.
They led their ladies on it to dance.
That is how they sailed to the New World.

Their ships had marvelous names,
out of a sea-crazy age:
Nuestra Señora de la Encarnacion Desengana.
Nuestra Madre del caba Donga.

Och de bugade för sina skepp som för damer
på världsdansens golv,
på el Golfo de las Damas.
Och de förde dem ut till dans på Antilliska gången,
passadens väg.

9

De nyupptäckta öarna växte i antal.
Nu finns det inga oupptäckta öar mer.

Vart går nu havet som ännu står redo
med jämna och förande vindar
på Antillernas vindgång?
Lyfta på komfortens vinge av fartens djinner
skall alltfler se ner på det övervunna avståndets hav.

Och världen skall långsamt förlora sig själv
när den berövat sig själv
ödslighetens kraft
och ödslighetens äventyr.

Allt det som fjärran var
skall bli lättfånget och nött.
Exotiana sjunker och dör
som ett sista Atlantis,
som ett nedsänkt Gondwanaland.

Då ska mänskorna ropa efter ett förlorat fjärran.
De ska ropa efter nya världar.
De ska ropa efter ett stjärnornas Virginien.
Men bundna till jorden ska de flyga i ringar,
likt fåglar som mistat sin nilflod i Afrikas hjärta,
sitt vassrika fjärrträsk vid Jenisej.

And they bowed to their ships as to ladies,
on the dancing floor of the world,
on el Golfo de las Damas.
And they took them to dance in the Antilles passage,
            the wind-route.

## 9

The newly discovered islands grew in number.
Now there are no more undiscovered islands.

What can the sea give now still ready
with its steady and driving winds
on the Antilles wind-road?
Lifted on the winds of comfort by the djinn of speed
more and more humans look down at the ocean of
            conquered distance.

And the world will gradually lose its self
when it has taken from itself
the power of desolate wildness,
and the adventure of desolate wildness.

Everything that was far off
shall become easy to get and worn out.
Exotiana will sink and die
like a last Atlantis,
like a submerged Gondwanaland.

Then mankind shall cry for a lost far-off.
They shall cry for new worlds.
They shall cry for some Virginia in the stars.
But tied to earth they will fly around in circles,
like birds who've lost their Nile deep in Africa,
their reed-rich far off marsh at Jenisej.

# KVÄLL I INLANDET

Tyst gåtan speglas. Den spinner afton
i stillnad säv.
Här finns en skirhet som ingen märker
i gräsets väv.

Tyst boskap stirrar med gröna ögon.
Den vandrar kvällslugn till vattnet ned.
Och insjön håller till alla munnar
sin jättesked.

## DUSK IN THE COUNTRY

The riddle silently sees its image. It spins evening
among the motionless reeds.
There is a frailty no one notices
there, in the web of grass.

Silent cattle stare with green eyes.
They mosey in evening calm down to the water.
And the lake holds its immense spoon
up to all the mouths.

# GUDINNAN AV HYN

Vad skall hon heta, kvinnan där på stranden?
Hon som är offer för sin egen skönhet,
och för smickrets gyllene spindelväv.
Kanske Gudinnan av hyn.

När hon visat sig för sina tillbedjare
går hon hem till sitt altare spegeln,
för att tillbedja sig själv i hyvårdens tempel.

Genvägen tar hon över kyrkogården.
Där kan hon i förbifarten spegla sig i helfigur
i blanka vårdar.

## THE GODDESS OF SKIN

What shall we call that woman on the beach?
Who is a victim of her own beauty,
and the gleamy spiderweb of flattery.
Perhaps the goddess of skin.

When she has shown herself to her worshippers,
she returns to her altar-mirror,
to worship herself in the temple of skin-care.

She takes a short cut through the cemetery.
As she goes by she can see herself full length
in the polished stones.

# MÅNDIKT

Drömmarnas enda utfartsväg,
månstrimman utåt från land,
sjönk en gryning tyst och skrämd
i nödtorftens kalla hav.

Denna månstig av glittersilver
som han med henne så ofta satt vid,
vilar nu sjunken tung som grus
på havets botten, Pater nosters kust.

Stugan grånar som deras hår
för havets otröttliga vindar.
Breda stormar ända från Orkney
sopa på kyrkogården.

## MOON POEM

The only way for dreams to get out,
the moon road out from land,
sank one dawn silent and afraid
into the cold sea of poverty.

This moon path of shining silver
they had sat beside so often
now presses heavy as gravel
on the bottom of the sea off Pater Noster's rocks.

Like their hair the house has turned gray
in the inexhaustible sea wind.
Great storms all the way from the Orkneys
are sweeping the cemetery.

# DAGGMASKEN

Vem vördar daggmasken,
odlaren djupt under gräsen i jordens mull.
Han håller jorden i förvandling.
Han arbetar helt fylld av mull,
stum av mull och blind.

Han är den undre, den nedre bonden
där åkrarna klädas till skörd.
Vem vördar honom,
den djupe, den lugne odlaren,
den evige grå lille bonden i jordens mull.

# THE EARTHWORM

Who really respects the earthworm,
the farmworker far under the grass in the soil.
He keeps the earth always changing.
He works entirely full of soil,
speechless with soil, and blind.

He is the underneath farmer, the underground one,
where the fields are getting on their harvest clothes.
Who really respects him,
this deep and calm earth-worker,
this deathless, gray, tiny farmer in the planet's soil.

## från HADES OCH EUKLIDES

(första versionen)

I

När Euklides skulle uppmäta Hades
fann han att det saknade djup och höjd.
Demoner plattare än rockor
rasade på dödsslätten,
löpte med ekolösa hundskall
längs eldlinjer och islinjer,
längs med uppdragna linjer i Hades.

Utmed linjer som bröts
men återkom som linjer
gick linjeflock efter linjeflock av demoner i bredd, i följd
        och parallellt genom Hades.

Vågor fanns inga, ej höjder, ej djup eller dalar.
Endast linjer, parallella förlopp, liggande vinklar.
Demoner gick fram likt elliptiska plattor;
klädde en ändlös mark som med vandrande drakfjäll i
        Hades.

På utjämnade gravfält där glömskan härjat med sin
        platthet
krälade ormar—själv bara grövre linjer:
skyndade, krälade, stungo
längs löpande linjer.

## from **HADES AND EUCLID**

(first version)

### I

When Euclid started out to measure Hades,
he found it had neither depth nor height.
Demons flatter than stingrays
swept above the plains of death,
their barks had no echoes as they ran
along the fire frontiers and the ice frontiers,
along the lines laid down in Hades.

Along the lines that fell apart
and joined again as lines
flock after flock of demons went abreast, in ranks, and
　　　　parallel through Hades.

There were only waves, no hills, no chasms or valleys.
Only lines, parallel happenings, angles lying prone.
Demons shot along like elliptical plates;
they covered an endless field in Hades as though with
　　　　moving dragonscales.

On the smoothed-over burial mounds that forgetfulness
　　　　had destroyed with its flatness,
snakes were crawling—they were merely heavy lines:
lashed, crawled, stung their way
along the flowing lines.

En dånande gräsbrand i rasande flackflykt,
for utmed marken som en hyvel av eld.
Den for på onda prärier, på onda stäpper, flack ond
          pusta,
fram och åter, alltid tänd på nytt
av hettan på flacka slätter i Hades.

## II

Låga låg helvetets ugnar
på den flacka slätten.
Där brändes i tegelrummen
—ytligt som i dödas gravar—
de godtyckligt dömda,
den flacka ondskans offer,
utan trösten från en höjd
utan stöd från djupen,
bemötta utan värdighet,
bemötta utan resning,
bemötta utan måtten av evighet.
Deras klagan möttes blott av hån
på ondskans flacka slätt.

Och Euklides, måttens konung, grät
och skriet sökte sfärens gud, Kroniden.

A raging grassfire in roaring flatflight
rushed over the ground like a carpenter's plane of fire.
It shot over the evil prairies, over the evil steppes, over
            the flat evil pusta
back and forth, ignited again and again by heat
on the flat fields in Hades.

## II

The ovens of Hell lay close to the ground
on the flat fields.
There the capriciously damned were burned
in the brick rooms—
near the surface as graves are—
victims of flat evil,
with no comfort from a high place
or support from a low place,
received without dignity,
received without a rising,
received without any of the standards of eternity.
Their cries are met only by mockery
on the flat fields of evil.

And Euclid, the king of measurement, cried
and his cry went looking for Kronus, the god of spheres.

# MULTNANDE STUGA

De vita hundlokorna med sitt skira blomflor
blev ödestugans sista gardiner.
Det ryggbrutna taket har fallit in i huset.
Stigen är bara ett band av gräsmark där ingen längre
        kommer.
Men enbusken och stenen ha flyttat närmare varandra.
De ska gifta sig om hundra år.

## OLD FARMHOUSE

The frail blossoms of the goat chevril
are the last curtains this house will ever have.
The roof—back broken—has dropped into the walls.
The path is just grass where no one arrives.
But the juniper bush and the stone have moved closer.
In a hundred years they will marry.

# HÖNSHUS

Hönsen går tidigt in från dagens plock.
De rör sig några varv på hönshusets golv
och ordnar sig efter favörer.
Först när detta är klart
kommer upphoppen till sömnstången.
Snart sitter alla i rad och tuppen är där.
Han provsomnar ibland
men det blir inte någon ro genast.
Hönorna trycker sidleds och besvärar.
Han måste rätta till dem, med näbben och ett kåckel.
Det jämkas och ordnas.
En av hönorna försöker minnas den mask
hon fångade senast.
Men minnet är redan undansjunket,
på väg genom krävan.
En annan höna minns tydligt hur tuppen var
innan hon somnar in, lite himlande
med slutarlika ögonlock stängande för världen.

# HENHOUSE

The hens drift in early from the day's pecking.
They take a few turns about the henhouse floor
and arrange themselves according to who's the
      favorite.
Then, when all that is clear,
the leaping up to the roost begins.
Soon they're all sitting in rows and the rooster is
      present.
He tests out sleep
but there is to be no sleep right away.
The hens shove to the side and cause trouble.
He has to straighten them out, with his beak and a
      cawkle.
Now it's shifting and settling down.
One of the hens tries to remember the last worm
she caught today.
But the memory is already gone down,
on its way through the crop.
Another hen, just before she falls asleep, recalls
the way the rooster looked, the white of her eyeballs
      fluttering,
her shutterlike lids closing out the world.

# BERGET I SKOGEN

Två pojkar från byn
gav sig en höstdag upp på skogen
för att befria en bondflicka
som hade blivit bergtagen.
De fann det låga skogsberget
och bultade på stendörren
i hopp om att trollet hade gått ut för att äta bär.

Men trollet var hemma
och kom själv och öppnade.
Ni söker flickan förstås, sade trollet.
Men hon är inte hemma.
Hon har gått ut för att plocka bär.
Vi ska ha lingonkok.

Pojkarna undrade om väderstrecket.
Det är däråt, pekade trollet.
Pojkarna tackade för upplysningen
och gick åt utvisat håll.
Där fann de bondflickan
men hon kände inte igen dem.

Hon ville inte heller bli störd i bärplockningen, sa hon.
Och vad vet jag om er.
Ni skulle ju kunna förvända synen på mej.

## THE HILL IN THE WOODS

Two boys from town
walked out in the woods one fall day
to rescue a farm girl
whom the weird people had stolen.
They found the rock mountain in the woods
and knocked at the stone door
hoping the troll was out somewhere picking
                lingonberries.

But the troll was at home,
and came to the door himself.
"I guess you're looking for the girl," the troll said.
"But she's not at home.
She's gone out to pick lingonberries.
We're going to have some lingonberry sauce."

The boys wondered what direction that would be.
"It's off there," and the troll pointed.
The boys thanked him for the information
and set off in that direction.
They found the country girl all right
but she didn't recognize them.

She wasn't too wild about being interrupted picking
                either, she said.
And how do I know about you.
Maybe you could just change the whole way I see things.

Då förstod pojkarna att hon redan hade vant sig,
att hon hade blivit förvand med de nya tingen
i stället för förvänd av dem.
Men de ville ändå försöka att få henne med.
Då blev hon arg på allvar och gav dem ett kok stryk.
Hon var bergstark.

Väl hemkomna nämnde de ingenting till föräldrarna
men åt tyst sin vattgröt.
De kände också på sig
att bygden nu inte som förr
brydde sig om troll eller bergtagna.

Detta och mycket annat föll dem före
när de ännu uppskrämda bet i sina träskedar.
De tecknade sedvanligt med fötterna
till varandra under bordet och åt vidare.
Mjölken var gällen.
Den brukar bli så vid åskväder
eller när något händer av trollmakt.

The boys understood then that she had gotten into
        the spell.
She hadn't been changed by the other world so much
as she'd picked up bad habits.
But they still wanted to get her to come along.
Then she really got angry and worked them over.
She was stone-strong all right.

Safely home they didn't say a word to their parents,
and ate their mush in silence.
They realized also that the people around here
were not interested, as they used to be,
in trolls and people stolen.

This and many other thoughts moved in their minds
while they bit still frightened on their wooden spoons.
They signaled to one another under the table
with their feet as usual and went on eating.
The milk was turning.
That usually happens when there are thunderstorms
or when someone has been working with troll power.

# GUNNAR EKELÖF

Gunnar Ekelöf, *courtesy of Sveriges Radio*

Gunnar Ekelöf is an entirely different kettle of fish. In Ekelöf we see the intellectual, oblique, arrogant, nervous, witty poet of the centers of civilization, a sort of poet known in all western countries. He reached out early in his career to two sources outside the Scandinavian tradition: to the mystical poetry of Persia in particular, and the Orient in general, and to French poetry, especially the surrealist poetry of the late twenties. His poetry has deep roots also in Fröding, Almqvist, and the Swedish fairy tales.

In Swedish literature there is a much firmer division between "country" and "city" writing than there is in America or England. There has been a succession of great writers in Sweden who have taken their places naturally in one of the two groups, Martinson in the first group, Ekelöf very clearly in the second, and he is a supreme example of the greatness possible in that tradition.

Some of Gunnar Ekelöf's poems are made of linked successions of thoughts not easy to follow. These subtle thoughts are embodied in high-spirited and eccentric language. Gunnar Ekelöf is the most difficult of the great Swedish poets; yet his audience is very large. His books of poems were published in editions comparable, given the difference in population, to printings of 200,000 in the United States. He is an uncomfortable poet; he tries to make the reader conscious of lies, and of the unstable and shifty nature of human perception.

His poems float along like souls above the border between religion and witchcraft.

We find him urging the reader to "give up power" . . . admonitions like those in Persian mystics or in the Taoists. And it is clear Ekelöf understands very well the

Eastern "flavor of the infinite." His poetry is constantly trying to hint to the reader the location of the road toward that transparent state of being the Easterners talk of.

He never starts off down a road without looking back to see where the other human beings are, and whether he mightn't be on a road too narrow for fat people to follow him. Yet at times he veers off mischievously into a side path that *is* too narrow, and when he looks back this time, just laughs. His poems are marvelously intelligent—the intelligence is awake all through the poem, cutting away nonsense to each side of the stanza, like a swift steel flake thin as gold leaf, cutting away soft and pulpy egoism, as Swift does, if Swift had been a glider instead of an earth-moving machine. He cuts away egoism, because he knows that if a Westerner can cut down his pride in his well-fed ego, his smugness at being "dynamic," his self-esteem at his wonderfully solid body—if these self-contentments can be swept off and abandoned, he stands some chance of experiencing the floating state the Eastern meditators value so much. When he experiences that mental floating, the Westerner understands that emptiness is heavier than weight, that one can see only at night:

> Ask for a filter for all those things that separate us from
>     each other
> a filter for life
> You say you can hardly breathe?
> Well, who do you think *can* breathe?
> For the most part we take it however with equanimity
> A wise man has said:
> "It was so dark I could barely see the stars"
> He meant simply that it was night

His work makes an elaborate introduction to the *Tao Te Ching*.

At the same time, curious images slip into Ekelöf's poems from the North. These other images have risen from the heathen Swedish ground, from old Finnish swamps and that part of the Northern unconscious still obsessed by shaman hallucinations, changing of bodies, journeys of souls during trance.

Ekelöf's poems are like a spider web strung between these two enormous trunks.

Robert Bly

Other Ekelöf Books in English:

*Selected Poems of Gunnar Ekelöf*, translated by Muriel Rukeyser and Leif Sjöberg (New York: Twayne Publishers, 1967), a general selection.

*I Do Best Alone at Night*, poems by Gunnar Ekelöf, translated by Robert Bly with Christina Paulston (Washington, D.C.: The Charioteer Press, 1968), out of print.

*Selected Poems by Gunnar Ekelöf*, translated by W. H. Auden and Leif Sjöberg (New York: Pantheon Books, 1972). This book is somewhat mistitled; it includes poems only from two very late books, of the Byzantium trilogy.

*from*

## SENT PÅ JORDEN *(Late Arrival on Earth)*
### 1932

## DEDIKATION *(Dedication)* 1934

## SORGEN OCH STJÄRNAN
### *(Grief and Stars)* 1936

## FÄRJESÅNG *(Ferryman's Song)* 1941

## NON SERVIAM *(Non Serviam)* 1945

## SENT PÅ JORDEN MED APPENDIX 1962
### *(Late Arrival on Earth, with Additions 1962)*

## "BLOMMORNA SOVER I FÖNSTRET OCH LAMPAN STIRRAR LJUS"

blommorna sover i fönstret och lampan stirrar ljus
och fönstret stirrar tanklöst ut i mörkret utanför
tavlorna visar själlöst sitt anförtrodda innehåll
och flugorna står stilla på väggarna och tänker

blommorna lutar sig mot natten och lampan
          spinner ljus
i hörnet spinner katten yllegarn att sova med
på spisen snarkar kaffepannan då och då med välbehag
och barnen leker tyst med ord på golvet

det vita dukade bordet väntar på någon
vars steg aldrig kommer uppför trappan

ett tåg som genomborrar tystnaden i fjärran
avslöjar inte tingens hemlighet
men ödet räknar klockans slag med decimaler.

## "THE FLOWERS DOZE IN THE WINDOW AND THE LAMP GAZES LIGHT"

The flowers doze in the window and the lamp gazes
          light
the window gazes with thoughtless eyes out into the
          dark
paintings exhibit without soul the thought confided
          to them
and houseflies stand still on the walls and think

the flowers lean into the night and the lamp weaves
          light
the cat in the corner weaves woolen yarn to sleep with
on the stove the coffeepot snores now and then with
          pleasure
the children play quietly on the floor with words

the table set with white cloth is waiting for someone
whose feet never will come up the stairs

a train-whistle tunneling through the silence in the
          distance
does not find out what the secret of things is
but fate counts the strokes of the pendulum by
          decimals

# OKTOBERSPEGEL

nerverna gnisslar stilla i skymningen
som flyter genom fönstret grått och sakta
de röda blommorna värker stilla i skymningen
och lampan sjunger ensam i ett hörn

tystnaden dricker det stillsamma höstregnet
som inte längre gör grödan något gott
de knäppta händerna värmer varandra
de stela blickarna falnar i glöden

# MIRROR OF OCTOBER

the nerves screech silently in the dying light
that flows through the window gray and slowly
the red flowers silently feel their wounds in the dying
          light
and the lamp sings on lonely in a corner

the silence drinks the slow autumn rain
which no longer makes anything good grow
the folded hands warm each other
the stiff looks fade among the live coals

# SONATFORM
## DENATURERAD PROSA

krossa bokstävlarna mellan tänderna gäspa vokaler, elden brinner i helvete kräkas och spotta nu eller aldrig jag och svindel du eller aldrig svindel nu eller aldrig.

vi börjar om

krossa bokstävlarna makadam och tänderna gäspar vokaler, svetten rinner i helvete jag dör i mina vindlingar kräkas nu eller aldrig svindel jag och du. jag och han hon det. vi börjar om. jag och han hon det. vi börjar om. jag och han hon det. vi börjar om. jag och han hon det. skrik och rop: det går fort vilken rasande fart i luft och helvete i mina vindlingar som vansinnet i luften svindel. skrik och rop: han faller han har fallit. det var bra det gick fort vilken rasande fart i luft och helvete i mina vindlingar kräkas nu eller aldrig svindel jag och du. jag och han hon det. vi börjar om. jag och han hon det. vi börjar om. jag och han hon det. vi börjar om. jag och han hon det

vi börjar om

krossa bokstävlarna mellan tänderna gäspa vokaler, elden brinner i helvete kräkas och spotta nu eller aldrig jag och svindel du eller aldrig svindel nu eller aldrig.

# SONATAFORM
## METHYLATED PROSE

crush the alphabet between your teeth yawn vowels, the fire is burning in hell vomit and spit now or never I and dizziness you or never dizziness now or never.

we will begin over

crush the alphabet macadam and your teeth yawn vowels, the sweat runs in hell I am dying in my convolutions vomit now or never dizziness i and you. i and he she it. we will begin over. i and he she and it. we will begin over. i and he she it. we will begin over. i and he she it. scream and cry: it goes fast what tremendous speed in the sky and hell in my convolutions like madness in the sky dizziness. scream and cry: he is falling he has fallen. it was fine it went fast what tremendous speed in the sky and hell in my convolutions vomit now or never dizziness i and you. i and he she it. we will begin over. i and he she it. we will begin over. i and he she it. we will begin over. i and he she it.

we will begin over

crush the alphabet between your teeth yawn vowels, the fire is burning in hell vomit and spit now or never i and dizziness you or never dizziness now or never.

# CHOROS

så har det alltid varit så skall det alltid vara
till dess den sista mänskan drömmer eld och allt
är slut
tills vi gör uppror emot allt för att förinta oss
själva
bryter oss ut ur cirkeln och avviker från
verkligheten
och andas in så djupt att vi förlorar medvetandet
så djupt att hela vintergatan strålar i lungorna
för att försvinna i nordost
med lugnt ansikte
∞

# CHORUS

it has been this way forever it will be this way forever
until the last man dreams fire and the end
has come
until we revolt against everything in order to destroy
ourselves
break out of the circle and turn away from
reality
and breathe in so deeply that we faint
so deeply that the whole Milky Way blazes in our lungs
and then we can disappear into the northeast
with a calm face
∞

## "FÖRLAMAD AV NATTEN"

förlamad av natten

brottslingen

Länge hade han krupit genom det
undermedvetnas tarmar tills de mynnade ut i ett
klotformigt rum över vars glatta, fuktiga väggar ett nät
av röda ådror slingrade sig.

Jag hade en otydlig känsla av att befinna mig i
mitt eget öga som åter öppnade sig

## "PARALYZED BY THE NIGHT"

paralyzed by the night

the criminal

For a long time he had been crawling through
the twisting canals of the unconscious, then they
opened out into a sphere-shaped room whose walls
were glossy and wet, with a network of tiny veins
spread entirely over them.

I had a confused feeling I was inside my own
eye which was opening again

# PÅ NATTEN

Ett öga rullar över golvet, jag vrider mig inåt.
  Dörren är stängda läppar, lövet är tungt att bära.
Sakta växer hår och naglar in i tystnaden.
  Dörrens läppar är stängda för omvända värden.
Ingen blixt är hemma under drömmens ögonlock,
  Men nattens åska går i det fördolda.

## AT NIGHT

An eye rolls over the floor, I turn inward.
    The door is closed lips, the leaf is heavy to bear.
Hair and fingernails grow slowly into the silence.
    The door's lips are closed to reversed values.
No lightning flash is at home under the dream eyelids,
    But the night's thunder is rolling in hidden places.

# DRÖMD DIKT

Hennes kinder är som fjärilsvingar och det ljusa stoftet
stannar kvar på insidan av mina händer.
Hennes fingrar är flöjtlika och huden som
pärlemorhinnan i musslans sköte.
Bara en astrolog med toppig mössa skulle kunna spå i
hennes inälvor som är fyllda med stjärnor:
Insvept i flammiga moln av glittrande stoft och
fladdrande flikar av tyg lyser den formlösa,
ofullständiga kroppen fram under sömnens
otydliga bindel.

# A DREAMT POEM

Her cheeks are like butterfly wings and the pale stuff
       stays behind in the inside of my hands.
Her fingers are flute-like and her skin like the mother-
       of-pearl cloak in the womb of the oyster.
Only an astrologer with a pointed hat could read the
       future in her insides which are filled with
       stars:
Wrapped in leaping clouds of glowing stuff and
       fluttering fringes of cloth the formless
       unformed body blazes forth under the
       indistinct bindings of sleep.

# MÅNEN

Månen stryker med handen milt över ögonen,
väcker mig djupt i natten. Ensam bland sovande
lägger jag ved på glöden, pysslar med rykande trän,
rör mig bland skuggor tyst, skuggor fladdrande högt
över de bruna stockarna, prydda
rikt med blänkande pimpeldon . . .

Varför väckte du mig? Ensam bland sovande,
ryggar vända mot elden, öppnar jag dörren tyst,
går kring knuten i snön, trampar i tussarna, ser
månsken lockande kallt över sjön . . .

## THE MOON

The moon passes her hands softly over my eyes,
wakes me long into the night. Lonesome among the
       sleepers,
I lay wood on the fire, fuss about with smoking sticks,
move quietly among the shadows, shadows flapping
       high
on the brown logs, richly
decorated with glistening fish-lures . . .

Why did you wake me? Lonesome among the sleepers,
backs turned to the fire, I open the door quietly,
walk around the corner in the snow, tramp in my fur
       boots,
moonshine coldly calling me over the snow . . .

# VARIATIONER

## 1

I konventionernas skogar,
där går några män i grova blusar
—det klingar av yxhugg i morgonluft!
Där är vart öga vaket
när jättarna vacklar och störtar.
Där är vart andetag djupt:
Det doftar så friskt av de fällda träden!
Där är det alltid gryning!

Herdedrottning, gå
till arbetsmännen med brännvin i korgen!
Skänk deras styrka ro
i väntan på badet i dödens älv!
Ty gryning och skymning är ett,
det finns inte natt eller dag,
och alla trollskogens träd är ett enda,
ständigt detsamma.

## 2

### Kategorier

De som ännu kan se att grått är grått,
som vet att livet har ett otal valörer:
Alla sanningars och lögners relativitet.
Som inte söker efter alltings motsats,
som ännu inte ställts för dualismens frestelse
—må de för övrigt vara omedvetet ordnade som
            järnfilspån
i fältet mellan ont och gott:
De icke vanliga, naturliga, indifferenta.

# VARIATIONS

1

In the forests of convention,
some men walk there with rough shirts
—a sound of ax-blows in morning air!
Each eye is open there
where the giants sway and crash.
Each breath is deep there:
a wonderful smell from the fallen trees!
There it is always dawn!

Shepherd queen, go
to the working men and carry some brandy in a basket!
Give their strength peace
as they wait for the dip in the river of death!
For twilight and dawn are one,
neither night nor day exists,
and all the trees of the magic wood are one tree,
the same tree always.

2

Categories

Those who still can see that gray is gray,
who know that life contains an immense number of
            values:
the relativity of all truths and lies.
Who do not look for the opposite of everything,
who have not been confronted yet by the temptation
            of dualism
—they may nevertheless be arranged unconsciously
            like iron filings
in the field between good and evil:
Those not ordinary, natural, cool.

91

De som ser nerver av svart och vitt i allt det ändlösa
        grå,
som tvingas att ständigt på nytt
konstatera, uppleva, medverka, delta i
kampen på liv och död,
den som rasar i allt det skenbart likgiltiga
ner till ett fingers rörelse, ett dammkorns flykt.
De vanliga, de icke likgiltiga, magnetiserade.
De som går in i det minsta
med hjärta, själ och öde som insats.
Det är de halvvägs hunna—och halvvägs fångna,
ty den som är sin åklagare och försvarsadvokat,
han är sin brottsling.

De som aldrig har glömt att grått är grått,
som genomgått rationalismens lagjudendom,
som blivit porösa väggar för den himmelsk-infernaliska
        osmosen:
De likgiltiga, antimagnetiska.
Det är de udda.
De som söker gå ut ur det minsta
lämnande hjärta, själ och öde som gisslan,
endast medförande det obestämda och obestämbara.

Där, på den tredje sidan av livet,
där är det svarta, det grå och det vita ingendera delen
och av de trenne skapas ett otal valörer
bortom alla sanningar och lögner.

Those who see black and white nerves in all the endless
          gray,
who are constantly forced again and again
to assert, to experience, cooperate, take part
in the battle of life and death,
the fight that rages in everything apparently neutral
down to a finger's motion, the dance of a fleck of dust.
Those ordinary, those not cool, those magnetized.
Those who go into the slightest thing
with heart, soul, and fate as stakes.
These people are those half-way evolved, and half-way
          held back,
for the man who is his own prosecutor and his own
          defense attorney
is also his own criminal.

Those who have never forgotten that gray is gray,
who have passed beyond the Judaic law of rationalism,
who have become porous walls for the divinely-satanic
          osmosis:
The cool, the anti-magnetic.
They are the odd ones.
Those who try to go away from even the slightest things
with heart, soul, and destiny as hostages
only taking with them what is undecided and
          undecidable.

There, on the third side of life,
where it is neither black nor gray nor white,
and out of the three is created an immense number of
          values
beyond all truths and lies.

## 3

Fångar:
De som banka, bryta och bända.
De som fly för att återvända.
De som vandra oigenkända:
Fria.

Det är trappstegen vilddjur, boskap, rasdjur.
Jag älskar möjligheterna till ras hos vilddjuren
och deras självtillräcklighet.
Jag älskar den återvunna skyggheten hos rasdjuren
och deras nervositet,
den enda säkra grunden för ett lugn.


En människa är aldrig homogen:
Hon är sitt första och sitt andra,
på en gång! Inte i tur och ordning.


Hon är sitt tredje och tallösa,
ju tallösare, dess enhetligare,
ju fler, dess färre,
blott hennes röst är den udda rösten:


En är ensam, två tvistar.
Tre är ensamma, fyra går i krig.
Fem är ensamma.

Du skriker till livet:
Udda eller jämnt!—och tror handsken kastad.
Men livet tar inga risker—och udda vinner.
Så länge du står på din rätt spelar livet falskt—och udda
    vinner

Prisoners:
Those who knock, break, and wrench.
Those who flee in order to return.
Those who walk about unrecognized.
The free.

There are stairs: wild animals, domestic animals,
        pure-bred animals.
I love the possibilities of pure lines in the wild animals
and their self-sufficiency.
I love the shyness won back in the pure-bred animals
and their nervousness,
the only true foundation for calmness.

Man is never homogeneous:
He is his first and his second,
at the same time! Not one after the other.

He is his third and numberless,
the less he can be numbered, the more unified,
the more, the fewer,
only man's voice is the odd voice.

One stands alone, two disagree.
Three stand alone, four go to war.
Five stand alone.

You shout to life:
Odd or even! and believe the glove is thrown down.
But life takes no chances—and odd wins.
As long as you stand on your rights life cheats—and
        odd wins.

När du ger upp din rätt spelar livet rent—och udda
        vinner:
Udda är ett mer än jämnt.
Udda och jämnt!—Eller gällde det
rent eller falskt?

Inte dödslängtan
men lära sig använda döden:
Utan att döden funnes
levde ingen.

Inte livsdyrkan
men lära sig använda livet:
Den som verkligen lever
är som vore han död.

Du döps för första gången
med liv och bara med liv.
Du döps för andra gången

i eld och ande, heter det.
Betyder: någonting fattas.
Du döps för tredje gången.

Du sjunker för första gången.
Då ser du ditt liv som det är och var.
Du sjunker för andra gången.
Då ser du ditt liv som det borde vara
och borde ha varit.
Du sjunker för tredje gången.

When you give up your rights life plays it straight—and
        odd wins:
Odd is one more than even.
Odd and even! Or does it concern
straight or crooked?

        Not longing for death
        but learning to use death:
        If death did not exist
        no one would live.

        Not worship of life
        but learning to use life:
        He who truly lives
        is as if he were dead.

You are baptized for the first time
with life and life only.
You are baptized for the second time

        with fire and spirit, as it is written.
        That means: something is missing.
        You are baptized for the third time.

        You go down for the first time.
        You see your life as it is and was.
        You go down for the second time.
        You see your life as it ought to be,
        and ought to have been.
        You go down for the third time.

O heliga död! Du som ger mitt liv en mening.
O heliga kärlek! Ni tvenne.
Ni som tar oss och gör med oss vad ni vill
—fångar nyss på Ogygias ö och nu i cyklopens grotta,
fångar för liv och död.

Livets mening:
Att inför döden söka en mening åt livet,
nu när den enögde åter rör i sin gryta,
blåser på elden och trevar,
bränner sig, ryter och famlar,
slår omkring sig, snavar, kommer famlande,
så som han famlat alltsen den förslagne bländade
                honom,
han som äter oss en efter en,
sliter oss sönder som Saturnus sina söner
—alldeles meningslöst! Och var finns en utgång?

Lönlöst att krypa bak skynket människovärde
eller bak kryddkistan religion!
Lönlöst att smyga sig ut med fåren
eller att göra sig till ett får!
Och han som bländade dig var bara en diplomat,
fick frist mot borgen i vår aptitliga ångest,
när måltidstimmarna nalkades
och vi trodde valet var blint:
Du ser oss, famlande Polyfemos, du ser mig!
Och allt en människa kan göra är att vänta
och sedan: att streta emot!
Verkligheten är här och nu.

O sacred death! You give my life a purpose.
O sacred love! You two.
You who take and do with us what you wish—
make us prisoners in Ogygias' island and then in the
          Cyclops' cave,
prisoners for life and death.

The purpose of life:
To look for a purpose in life face-to-face with death,
now while the one-eyed one stirs his pot again,
blows on the fire and gropes about,
burns himself, howls, and fumbles about,
strikes out around him, stumbles, comes feeling around,
just as he has fumbled since the crafty one blinded him,
he who eats us one after the other,
tears us apart as Saturn tore his sons,
—completely meaningless! And where is the way out?

Useless to crawl behind the cover of the dignity of life
or behind the spice-chest religion!
Useless to smuggle yourself out with the sheep
or turn yourself into a sheep!
And he who blinded you was merely a diplomat,
got a few days' grace by putting our tasty anxiety as
          bail,
when the meal times grew near
and we thought he was choosing blindly:
You see us, fumbling Polyphemus, you see me!
And all we can do is wait,
and finally: struggle!
Reality is here and now.

Jag är Jag,
trängd emot väggen, .
medan det röda ögat blinkar emot mig,
medan de röda jättehänderna famlar emot mig
och äntligen väljer sig annat offer.

Det visste jag väl.

5

Jag tror på den ensamma människan,
på henne som vandrar ensam,
som inte hundlikt löper till sin vittring,
som inte varglikt flyr för mänskovittring:
På en gång människa och anti-människa.

Hur nå gemenskap?
Fly den övre och yttre vägen:
Det som är boskap i andra är boskap också i dig.
Gå den undre och inre vägen:
Det som är botten i dig är botten också i andra.

Svårt att vänja sig vid sig själv.
Svårt att vänja sig av med sig själv.

Den som gör det skall ändå aldrig bli övergiven.
Den som gör det skall ändå alltid förbli solidarisk.
Det opraktiska är det enda praktiska
i längden.

I am I,
pressed against the wall,
while the red eye winks toward me,
while the red giant-hands feel about for me
and finally choose another victim.

I knew it.

## 5

I believe in the solitary person,
in the man who walks about alone,
and does not run like a dog back on his own scent,
and does not run like a wolf from human scent:
At once human and anti-human.

How to reach community?
Avoid the upper and the outer road:
What is herdlike in others is herdlike also in you.
Take the lower and inward road!
What is ground in you is ground also in others.

Hard to get into the habit of yourself,
Hard to get out of the habit of yourself.

He who does it shall never be deserted anyway.
He who does it shall remain loyal anyway.
The impractical is the only thing practical
in the long run.

## 6

Det finns någonting som ingenstans passar
och ändå inte är påfallande
och ändå bestämmer
och ändå är utanför.
Det finns någonting som märks just när det inte märks
(som tystnaden)
och inte märks just där det vore märkbart,
ty där förväxlas det (som tystnaden) med annat.

Se vågorna under himlen. Storm är yta
och storm vårt sätt att se.
(Vad rör mig vågorna. Eller den sjunde vågen.)
Det finns ett tomrum mellan vågorna:
Se havet. Se stenarna på marken.
Det finns ett tomrum mellan stenarna:
De bröt sig inte loss, de kastade sig inte hit,
de ligger där och är—en del av klippan.
Så gör dig tung, gör bruk av din döda vikt,
låt bryta dig, låt kasta dig, fall,
förlis på klippan!
(Vad rör mig klippan.)

Det finns världsallt, solar och atomer.
Det finns en kunskap, strategiskt byggd på fasta
        punkter.
Det finns en kunskap, oförsvarad, byggd på osäkert
        tomrum.
Det finns ett tomrum mellan världsallt, solar och
        atomer.
(Vad rör mig världsallt, solar och atomer.)
Det finns den udda synpunkten på allt
i detta dubbla liv.

There exists something that fits nowhere
and yet is in no way remarkable
and yet is decisive
and yet is outside it all.
There exists something which is noticed just when it
        is not noticeable
(like silence)
and is not noticed just when it becomes noticeable
for then it is mistaken (like silence) for something else.

See the waves under the sky. Storm is surface
and storm our way of seeing.
(What do I care for the waves or the seventh wave.)
There is an emptiness between the waves:
Look at the sea. Look at the stones of the field.
There is an emptiness between the stones:
They did not break loose—they did not throw
        themselves here,
They lie there and exist—a part of the rock sheath.
So make yourself heavy—make use of your dead weight,
let it break you, let it throw you, fall down,
let it leave you shipwrecked on the rock!
(What do I care about the rock.)

There are universes, suns and atoms.
There is a knowledge, carefully built on strong points.
There is a knowledge, unprotected, built on insecure
        emptiness.
There is an emptiness between universes, suns, and
        atoms.
(What do I care about universes, suns, and atoms.)
There is an odd viewpoint on everything
in this double life.

Det finns frid bortom allt.
Det finns frid bakom allt.
Det finns frid inne i allt.

Dold i handen.
Dold i pennan.
Dold i bläcket.
Jag känner frid över allt.
Jag vädrar frid bakom allt.
Jag ser och hör frid inne i allt,
entonig frid bortom allt.
(Vad rör mig frid.)

There is peace beyond all.
There is peace behind all.
There is peace inside all.

Concealed in the hand.
Concealed in the pen.
Concealed in the ink.
I feel peace everywhere.
I smell peace behind everything.
I see and hear peace inside everything,
monotonous peace beyond everything.
(What do I care about peace.)

# ENQUÊTE

Vad anser ni som er uppgift i livet?
Jag är en absolut onyttig människa.
Vad är er politiska övertygelse?
Det bestående är bra. Oppositionen
mot det bestående är bra. Ett tredje
kunde man också tänka sig—men vad?
Er religiösa mening, om ni har någon?
Densamma som min mening om musik: Att endast
den sant omusikaliske kan vara musikalisk.
Vad söker ni hos människor? Mina förbindelser
är tråkigt nog av liten eller ingen alls konstans.
Vad söker ni i böcker? Filosofiskt djup?
Bredd eller höjd? Epik? Lyrik?
Jag söker den perfekta klotformen.
Vad är det vackraste ni vet?
Fåglar på kyrkogårdar, fjärilar på slagfält,
någonting mitt emellan. Jag vet inte.
Er älsklingshobby? Jag har inga hobbies.
Er lilla skötesynd? Att onanera.
Och slutligen (så kortfattat som möjligt):
Varför skriver ni?
Av brist på sysselsättning. Vade retro.
Ni vitsar också?
Ja!—jag vitsar också.

# QUESTIONNAIRE

What do you consider your mission in life?
I am an absolutely useless human being.
What are your political convictions?
What we have now is fine. The opposition
to what we have now is fine. One ought to be
able to imagine a third—but what?
Your opinion on religion, if any?
The same as my opinion on music, namely only
he who is truly unmusical can be musical.
What do you look for in people? My relationships
have unfortunately little or no constancy.
What do you look for in literature? Philosophic depth?
Breadth or height? Epic? Lyric?
I look for the perfect sphere.
What is the most beautiful thing you know of?
Birds in the cemeteries, butterflies on battlefields,
something in between. I really don't know.
Your favorite hobby? I have no hobbies.
Your favorite sin? Onanism.
And to conclude (as briefly as possible):
Why do you write?
I have nothing else to do. Emma Wright.
You make puns, also?
Yes!—I make puns, also.

# ETUDES

Natt och stiltje. Tystnad:
Inte en hund som skäller.
Det frostludna gräset
sprakar för foten.

Vita stirrar husen
med svartnade gluggar,
månskensdött blänkande,
rullgardinsdöda,

nästan som hörde man ut
de sovandes andning,
någon som vänder sig ...
—Men månen vandrar,

en fé som sänkt dem i sömn
för att osedd gå till badet,
så svartsjuk om sin vithet
som döden om sitt mörker.

Att sova en natt hos dig,
en enda natt! Om inte—
förvandla din slav
till sten för hans djärvhet,

till skvallrande burk,
till anlupen flaska,
till brytande våg,
till vad du vill, peri.

# ETUDES

### 1.

Night and stillness. Silence:
Not a dog is barking.
The frosty grass
crackles beneath the feet.

The white houses stare out
with darkened holes,
gleaming moonlight-dead,
curtain-dead things,

almost as if one heard
the sleepers breathing,
someone who turns over . . .
—But the moon is wandering,

a godmother who puts them to sleep
so she can take her bath alone,
as jealous of her own whiteness
as death is of his shadows.

To sleep one night with you,
only one! If you refuse,
then turn your slave
to stone for his rashness,

to a babbling pot,
to a tarnished bottle,
to a breaking wave,
to what you will, peri.

## 3.

Én värld är varje människa, befolkad
av blinda varelser i dunkelt uppror
mot jaget konungen som härskar över dem.
I varje själ är tusen själar fångna,
i varje värld är tusen världar dolda
och dessa blinda, dessa undre världar
är verkliga och levande, fast ofullgångna,
så sant som jag är verklig. Och vi konungar
och furstar av de tusen möjliga inom oss
är själva undersåtar, fångna själva
i någon större varelse, vars jag och väsen
vi lika litet fattar som vår överman
sin överman. Av deras död och kärlek
har våra egna känslor fått en färgton.

Som när en väldig ångare passerar
långt ute, under horisonten, där den ligger
så aftonblank.—Och vi vet inte om den
förrän en svallvåg når till oss på stranden,
först en, så ännu en och många flera
som slår och brusar till dess allt har blivit
som förut.—Allt är ändå annorlunda.

Så grips vi skuggor av en sällsam oro
när något säger oss att folk har färdats,
att några av de möjliga befriats.

## 3.

Each person is a world, peopled
by blind creatures in dim revolt
against the I, the king, who rules them.
In each soul thousands of souls are imprisoned,
in each world thousands of worlds are hidden
and these blind and lower worlds
are real and living, though not full-born,
as truly as I am real. And we kings
and barons of the thousand potential creatures within us
are citizens ourselves, imprisoned
in some larger creature, whose ego and nature
we understand as little as our master
his master. From their death and their love
our own feelings have received a coloring.

As when a great liner passes by
far out below the horizon where the sea lies
so still at dusk. And we know nothing of it
until a swell reaches us on the shore,
first one, then one more, and then many
washing and breaking until it all goes back
as before. Yet it is all changed.

So we shadows are seized by a strange unrest
when something tells us that people have left,
that some of the possible creatures have gotten free.

# SUNG

Det är stjärnklart i kväll.
Luften är ren och kall.
Månen söker hos alla ting
sitt förlorade arv.

Ett fönster, en blommande gren
och det är nog:
Ingen blom utan jord.
Ingen jord utan rymd.
Ingen rymd utan blom.

## SUNG

The stars are clear tonight.
The air is pure and cold.
The moon is looking for her lost
inheritance everywhere.

A window, a branch in blossom
and that is enough:
No blossom without earth.
No earth without space.
No space without blossom.

# EN JULINATT
(på rygg i ekan drivande)

Byggd av sammanträffanden
lyckliga eller olyckliga—
varken lyckliga eller olyckliga
kanske inte ens sammanträffanden
av stränga, icke stränga stjärnor
märkpunkter i en benstomme i vardande
ofullgången, ännu blott skematiskt byggd
av punkter markerande belägenheten för
knäskålar, höftskålar, armleder
senfästen, kraftlinjesamlande punkter—
också förbroskningar, felläkningar
sensträckningar, predestinerade
frakturer . . . Vem kan utröna hur
benen bildas i den havandes liv
eller vid vilken tidpunkt han skall
förändra atomvikt, och ben av hans ben
med honom vi?

Du som har makt med ditt barn
och kan fördriva det
eller ta bort det
förskjuta det, utsätta det
du som ofattbart bortom, ovanför
astronomiska kategorier
kanske stökar omkring i ditt kök
eller driver på gatan med oss
lycklig eller olycklig
varken lycklig eller olycklig
som kvinnor är mest, funderande över
utvägar, möjligheter!

## A JULY NIGHT
(on my back in a drifting rowboat)

Built on coincidental meetings
happy or unhappy
neither happy nor unhappy
perhaps not even coincidental
of severe, of not severe stars
marking-points in a skeleton in process of becoming
not developed, still only schematically built
of points marking the location of
knee sockets, hip sockets, arm joints
sinews, points gathering the lines of force—
also too much cartilage, unset bones,
straining of tendons, predestined
fractures . . . Who can search out
how the bone is built in the womb of the woman great
        with child
or at which point of time he will
change his atomic weight, and bone of his bone
we with him?

You who have power over your child
and can get rid of it
or take it away
reject it, expose it
you who, unbelievably far off, above
astronomical categories
perhaps are cleaning around in your kitchen
or walking the streets with us
happy or unhappy
neither happy nor unhappy
as women for the most part are, pondering over
ways out, possibilities!

Låt mig behålla min värld,
min prenatala värld!
Ge mig tillbaka min värld!
Mörk är min värld
men i mörkret vill jag gå hem
genom gräs, under dungar.

Let me keep my world
my prenatal world!
Give me back my world!
My world is a dark one
but I will go home in the darkness
through the grass, under the woods.

# SVANEN

## I

Jag hörde vildgäss över sjukhusparken
där många vankar bleka
—en morgon i dvala
Jag hörde dem! Jag hör dem!
Jag drömde jag hörde—

Och ändå har jag hört dem!

Här ringlar ändlösa gångar
kring bottenlösa dammar
Här speglar alla dagar
en enahanda dag
och sköna blommor sluter
vid lättaste beröring
de okända blad—

Hör kvinnan vid sjuksysterns arm
hon skriker i ett kör:
Djävlar Satan Djävlar
—leds hemåt
skyndsamt . . .
Det är skymning
över laxfärgade komplex
och utanför stängslet
anemisk rodnad över oändliga förstäder
av identiska hus
med vårligt ångande land emellan . . .

# THE SWAN

## I

I heard wild geese over the hospital grounds
where many pale people walk back and forth
—one morning in a daze
I heard them! I hear them!
I dreamt I heard—

And nevertheless I did hear them!

Here endless walks circle about
around bottomless dams
Here the days all reflect
one monotonous day
at the slightest touch
beautiful blossoms close
their strange petals—

The woman on a nurse's arm
she screams incessantly:
Hell Devil Hell
—is led home
hurriedly . . .
Dusk has come
over the salmon-colored buildings
and outside the wall
an anemic blush over endless suburbs
of identical houses
with some vegetable beds steaming as if in spring
              between . . .

Man bränner ris och löv:
Det är höst
och landen härjade av maskfrätt kål
och avblommade blommor—

Jag hörde vildgäss över sjukhusparken
en höstlig vårmorgon
Jag hörde vildgäss en morgon
en vårhöstmorgon
trumpetande—

Åt norr? Åt söder?
Åt norr? Åt norr!
Långt härifrån—

Det bor en friskhet djupt i mig
som ingen kan frånkänna mig
ej ens jag själv—

They are burning twigs and leaves:
It is fall
and the vegetable beds are attacked by worm-eaten
          cabbages
and bare flowers—

I heard wild geese over the hospital grounds
one autumnlike spring morning
I heard wild geese one morning
one springautumn morning
trumpeting—

To the north? To the south?
To the north! To the north!
Far from here—

A freshness lives deep in me
which no one can take from me
not even I myself—

## II

Månen går upp, och natten
sänks över vinterfälten.
Stjärnornas smidjebälten
slungar Svanen mot Leda.

Svandun, likt snöfall i vatten,
slocknar. Han böjer sitt huvud
över en stjärna som ropar,
djupt över människohopar,
forskar med gula näbben
djupt i det svarta slammet:
Torrt är det svarta vattnet.
Larver heter hans föda.
Leda heter hans krämpa.

Levande måste han svälja,
levande måste han döda,
känna de hatande kvälja,
känna de hatande sträva
hungern emot i sin kräva,
känna sin hunger förnötas,
känna de älskande kämpa
utan att någonsin mötas.

## II

The moon rises, and night
comes down over the winter fields.
The burning zones of the stars
throw the Swan toward Leda.

Swandown, like snowfall in water,
goes out. He bends his head
over a star which calls out,
deep over masses of people,
searches with his yellow beak
deep in the black ooze:
The black lake is dry.
Grubs is the name of his food.
Tedium is the name of his illness.

He must swallow living things,
he must kill living things,
feel the hateful things gag him,
feel the hateful things struggle
against the hunger in the gizzard,
feel his hunger fade away,
feel the struggle of the lovers to come together
though they never shall meet.

*from*

# STROUNTES   *(Nonsense)*   *1955*

## "VEM KOMMER, FRÅGAR DU"

Vem kommer, frågar du
Du vill att någon skall komma
Vet du inte att det är du som skall komma
du själv, men till ingen gud
till Intet
Dess portar står öppna
Dess portar slår i någon vind
Vad finns det därinne
vad bjuder du mig?
Å, alltid något!
Där finns lite damm, några stoftkorn
ett trasigt kugghjul på jordgolvet
och några slaggstycken som efter en nedlagd smedja
fast det kanske aldrig funnits någon

## "WHO IS COMING, YOU ASK"

Who is coming, you ask
You wish somebody would come
Don't you know that you are the one who will come
You will come, but not to any god
to Nothing
Its doors stand open
Its doors swing in the wind
What will be found in there?
What will you offer me?
O always something!
There will be a little dust, some ashes
a broken cogwheel on the dirt floor
and some slagstuff, as when a smithy is torn down
though it's always possible there never was one at all

## "FRÅGAR DU MIG VAR JAG FINNS"

Frågar du mig var jag finns
så bor jag här bakom bergen
Det är långt men jag är nära
Jag bor i en annan värld
men du bor ju i samma
Den finns överallt om också sällsynt som helium
Varför begär du ett luftskepp att fara med
Begär i stället ett filter för kväve
ett filter för kolsyra, väte och andra gaser
Begär ett filter för allt som skiljer oss
ett filter för livet
Du säger att du nästan inte kan andas
Än sen! Vem tror du kan andas?
Den mesta tiden tar vi det ändå med jämnmod
En vis man har sagt:
"Det var så mörkt att jag nätt och jämnt kunde se
          stjärnorna"
Han menade bara att det var natt

## "IF YOU ASK ME WHERE I LIVE"

If you ask me where I live
I live right here behind the mountain
It's a long way off but I am near
I live in another world
but you live there also
That world is everywhere even if it is as rare as helium
Why do you ask for an airship to bear you off?
Ask instead for a filter for carbon dioxide
a filter for hydrogen, for nitrogen, and other gases
Ask for a filter for all these things that separate us from
          each other
a filter for life
You say you can hardly breathe?
Well, who do you think *can* breathe?
For the most part we take it however with equanimity
A wise man has said:
"It was so dark I could barely see the stars"
He meant simply that it was night

## "TY NATTEN KOMMER"

Ty natten kommer
då lycka och olycka
vilar i frid med varann

Du ser hur skymningen faller snabbt
som klockklang
och fönster efter fönster tänds

Därinne har de ätit sin spaghetti
och utan tanke på morgondagen
sover de snart med varann

Ty natten kommer:
Det finns ingen morgondag:
Det finns ingen stad

## "FOR NIGHT COMES"

For night comes
when happiness and unhappiness
rest in peace with each other

You see how quickly the dusk falls
like belltolls
and window after window lights up

Inside there they have eaten their spaghetti
and without a thought of the coming day
they will soon sleep next to each other

For the night comes:
No next day exists:
No city exists

## "DEN DJUPA NATTENS TYSTNAD ÄR STOR"

Den djupa nattens tystnad är stor
Den störs inte av prasslet från människor
som äter varann här på stranden

Och jag kan höra
det underbara frasande ljudet
av skepp som färdas
på havet därute

Dessa skepp, är de då så oskyldiga?
Ibland hörs ihållande tjut därutifrån
—som om . . . om . . .

## "THE SILENCE OF THE DEEP NIGHT IS HUGE"

The silence of the deep night is huge
It is not disturbed by the rustling of human beings
who eat each other here on the shore

And I can hear
the wonderful swishing sound
from ships who journey
on the sea out there

These ships, are they really so innocent?
Sometimes one hears from out there long howls
—as if . . . as if . . .

## "MEN PÅ EN ANNAN ORT HAR JAG LÄRT"

Men på en annan ort har jag lärt
underjordens hemskhet:
Här är underjordens leende
Här finns minuter och sekunder
och den blanka randen mellan hav och himmel
Här finns den korta katastrofen och det korta utbrottet
        av glädje
Men du, var finns du, Sorg
som man kunde kasta sig i havet efter?
Natten kommer och månen går upp
Jag öppnar alla fönster
Jag vet att hon vid min sida älskar mig
men är det verkligen hon

## "BUT SOMEWHERE ELSE I HAVE LEARNED"

But somewhere else I have learned
the gruesomeness of hell:
Here is the smile of hell
here minutes and seconds exist
and the bright border between sea and sky
here the short disaster exists and the short outburst
        of joy
But you, where are you, sorrow,
which one could throw oneself into the sea to find?
Night comes and the moon rises
I open all the windows
I know that she by my side loves me
but is it really she

# TRIONFO DELLA MORTE

Tre riddare stego ut
lyfte tre jungfrur i sadeln
Tre riddare stego till häst
med falkar på handsken
Vem skär, vem binder upp?
I en enslig, skogfull dal
dem mötte i sex öppna kistor
tre kvinnolik, tre manslik svepta
i en enslig, skogfull dal
dit deras falkar lockat
Men i snåret stirrar
med gula ögon ugglan

Till den dalen hade smittan ännu inte hunnit
Vem skär, vem binder upp?
I den dalen var smittan allestädes närvarande
Den var i Enhörningens död
Den var i åskådandet av sköna lik
Den var i skändandet av jungfrun
under ugglans gula förhäxande blick
Damer och herrar redo vidare
iskalla i sina sköten, stelnade i sina lemmar
och vad de gjorde varandra
det vill ej jag förmäla
Envar vet bäst själv

Men där fanns, i den staden
tre tiggare dem alla kände
tre tiggerskor dem alla kände
Vem skär, vem binder upp?
I sex kistor väntade de höljda

# TRIONFO DELLA MORTE

Three knights stepped out
lifted three virgins to the saddle
Three knights climbed on their horses
with falcons on their gloves
Who cuts the grain, and who binds it?
In a lonely valley full of trees
they met the six open coffins
three women corpses, three men corpses in shrouds
in a lonely valley full of trees
lured there by their falcons
But in the bushes stares
the owl with yellow eyes

The plague had not yet reached that valley
Who cuts the grain, and who binds it?
The plague was everywhere present in that valley
It was in the death of the Unicorn
It was in the watching of beautiful corpses
It was in the violation of the virgin
beneath the yellow witchlike gaze of the owl
The ladies and lords rode on
icecold in their bowels, stiffened in their limbs
and what they did to each other
that I will not tell
Each knows best himself

But there were, in that city,
three men beggars whom everyone knew
three women beggars whom everyone knew
Who cuts the grain, and who binds it?
In the six coffins they waited, hidden

som i ett svepe av fruktan och hopp
förvarade blott i sin väntan
som i ett svepe av fruktan och hopp
Dessa sågo inte damernas och herrarnas färd
Dessa sågo inte falkarnas flykt
eller dalen med dess skog
De sågo blott molnen i ljusa himlen

as if in a winding sheet of terror and hope
preserved only in their waiting
as if in a winding sheet of terror and hope
They did not see the journey of the ladies and lords
They did not see the flight of the falcons
or the valley with its forest
They saw only clouds in the light heavens

## "SÅ FRÄMMANDE FÖR MIG"

Så främmande för mig
denna ros, denna ljuvt utspruckna
denna frånvarande tankfullhet
eller ljuset över en bortvänd kind . . .
Som en dag om våren
då man anar något och håller det fast
ett ögonblick, en sekund
oföränderlig
något som aldrig skall bli sommar

## "SO STRANGE TO ME"

So strange to me
this rose, this thing delicately bursting out
this absent thoughtfulness
or light over a turned-away cheek . . .
As on a spring day
when you sense something and hold it firmly
an instant, a second
unchangeable
something that shall never turn to summer

# MONOLOG MED DESS HUSTRU

Tag två extra gamla kammarherrar och hinn upp dem
    på Nordsjön
Förse dem med var sin komet i ändan
*Sju* kometer var!
Telegrafera:
Om staden Trondheim tar emot dem kommer den att
    bombas
Om talgfältet släpper ut dem kommer det att bombas
Nu måste du signalera:
Större fartyg ankommer
Ser du inte, där i radion! Större fartyg
i uppfart. Signalera en varning!
Alla små jordgubbsbåtar ska du säga att de går in till
    strand och lägger sig


—Kom och hjälp mig. Jag försvinner.
Han håller på att förvandla mig, guden i hörnet
    därborta (viskande)

# MONOLOGUE WITH ITS WIFE

Take two extra-old cabinet ministers and overtake them
            on the North Sea
Provide each of them with a comet in the rear
*Seven* comets each!
Send a wire:
If the city of Trondheim takes them in it will be bombed
If the suet field allows them to escape it will be bombed
Now you have to signal:
Larger ships approaching
Don't you see, there in the radio! Larger ships
in converging path. Send a warning!
All small strawberry boats shall be ordered to go into
            the shore and lie down

—Come and help me. I am disappearing.
The god is in the process of transforming me, the one
            in the corner over there (whispering)

## "NÄR DE SLIPPER UT GENOM KÖRGÅRDSGRINDEN"

När de slipper ut genom körgårdsgrinden
en påsknatt, en påsknatt
När de döda går ut och betitta staden
en månskensnatt, en mån-natt
Då är det evig hemlöshet som gör sig knäsatt
knäsatt hos andra döda
De döda, de lunkar till sina gamla tomter
så småningom, så småningom:
Förintade, störtade hus—
Där finns inga ingångar, nej, där finns inga ingångar
Där finns inga kök, inga förmak
Maja finns där inte, vi kan inte se Anders och Pehr
och inte barkbåten, och inte den armlösa dockan
Vi har några blommor, säger dessa döda
och räcker en knippa strån utan topp
en knippa strån utan topp
De söker sig till portar, till kammardörrar
där de dock borde hava blivit insläppta
De slår med spökjärn, de gnisslar med vindnycklar
De håller fram minnen, de knackar med knotor
med knotor, med knotor

O dessa hemlösa döda!
De gör oss ingen skada
de håller oss bara vakna
Det är bara så att de saknar
ett finger, en tå, en arm
kanske en hel bröstkorg
som forna och nutida trollkärringar stulit
och stött till mjöl för nya kärleksfilter

## "WHEN THEY SLIP OUT THROUGH THE CHURCHYARD GATE"

When they slip out through the churchyard gate
one Easter night, one Easter night
When the dead ones walk out and visit the city
one moonlit night, one moon-night
Then eternal homelessness takes its place
its rightful place among all the dead
The dead, they amble to their old houselots
little by little, little by little:
Demolished, collapsed houses—
There are no doors, no, there are no doors
There are no kitchens, no front rooms
Maja is not there, we can't see Anders and Pehr
nor the bark boat, nor the armless doll
We have some flowers, the dead people say
and offer a handful of stalks without blossom
a handful of stalks without blossoms
They are drawn to the front doors, to the chamber doors
where they should, after all, have been admitted
They pound with spookiron, they rattle with attic keys,
They proffer memories, they knock with bones,
with bones, with bones

Oh these homeless dead!
They do us no harm
they only keep us awake
It is only that they are missing
a finger, a toe, an arm
perhaps an entire rib-cage
which ancient and modern witches stole
and crushed to dust for new love-powders

De levande gör oss ofta ont
De döda gör oss ingen skada
De levande är tärande
De döda, de är närande
De döda är närande

The living ones do us evil often
The dead ones do us no harm
The living ones eat things away
The dead ones, they are nourishing
The dead ones are nourishing

## "SEDAN LÄNGE VILAR RIDDAREN"

Sedan länge vilar riddaren
rak i sadeln
högt i berglandet
så ödsligt att ögat bävar
Underbara vidd av blånande aldrig närvarande höjder!
Nedanför och bortom sorlar följeslagarna
Mot hans bröst väntar falken
huvudet har den lagt mot hans kind
O förunderliga ömhet i mitt hjärta!
—Då lyfter han handen högt
och fågeln flyger ut
bort
Han sitter där och ser den höja sig
i allt högre och vidare ringar
Han vilar ännu rak i sadeln
när natten faller
Fruktade natt!
Efterlängtade natt!

## "THE KNIGHT HAS RESTED FOR A LONG TIME"

The knight has rested for a long time
straight in the saddle
high in the mountainous land
so desolate that the eye wavers
Wonderful stretches of smoky hills that never come
        near!
Beneath and far off his companions are talking quietly
The falcon waits on his breast
it has laid its head on his cheek
O strange tenderness in my heart!
—Then he lifts his hand high
and the bird flies out
away
He sits there and watches it climb
in gyres always higher and wider
He remains straight in the saddle
when the night falls
Feared night
Longed-for night!

## "NÄR MAN KOMMIT SÅ LÅNGT SOM JAG I MENINGSLÖSHET"

När man kommit så långt som jag i meningslöshet
är vart ord åter intressant:
Fynd i myllan
som man vänder med en arkeologisk spade:
Det lilla ordet du
kanske en glaspärla
som en gång hängt om halsen på någon
Det stora ordet jag
kanske en flintskärva
med vilken någon i tandlöshet skrapat sitt sega
kött

## "WHEN ONE HAS COME AS FAR AS I IN POINTLESSNESS"

When one has come as far as I in pointlessness
each word is once more fascinating:
Finds in the loam
which one turns up with an archeologist's spade:
The tiny word you
perhaps a pearl of glass
that once hung around someone's neck
The large word I
perhaps a flint shard
some toothless person used to scrape his gristly
meat

## "I DRÖMMEN HAR JAG MÖTT"

I drömmen har jag mött
den högre uppenbarelse
som kommer att behövas: den progressive
Atomkritikern
— — — vad var det han sade
på tal om framtidens musik
och de tonande serierevolutionernas vandring
från intet till allt och tillbaka?
Jag minns bara att A* *,* grinade som vanligt
och att M* * * vände sig i sin grav
— — — kanske om 3000 år
eller mindre eller mer
blir det din höga lott, poet
att ingå med din själ
i de blygsamma blommor som finns kvar
medan dig, tänkare, är förbehållen
den tacksamma uppgiften
att som morgonens och aftonens ingenjör
hugga ur molnens karriärer
block i umbra, rosa, vinrött och safir
och mura dem till allt högre piedestaler
skiftande, ständigt vacklande
för den stjärna som alltjämt är på väg

## "IN DREAMS I HAVE MET"

In dreams I have met
the superior apparition
that will come to be necessary: the progressive
Atomcritic
— — — what was it he said
talking about the music of the future
and the singing link revolutions wandering
from Nothing to All and back?
I only remember that A—— grinned as usual
and that M—— turned in his grave
— — — perhaps in 3000 years
or less or more
it will be your high duty, poet
to enter with your soul
the modest flowers that are left
while for you, thinker, is reserved
the welcome job
being engineer of morning and evening
to carve out of the careers of the clouds
blocks in umber, rose, wine-red and sapphire
and lay them carefully to still higher pedestals
shifting, always ready to fall
for the star which is always moving forward

## "ENSAM I NATTEN TRIVS JAG BÄST"

Ensam i natten trivs jag bäst
ensam med den hemlighetsfulla lampan
befriad från den påträngande dagen
böjd över ett aldrig färdigt arbete
patiencekortens kombinationer. Än sen
om aldrig denna patience går ut
Jag har natten på mig. Någonstans
sover en slump över korten. Någonstans
är redan en sanning en gång sagd
Varför då oroa sig? Kan den någonsin
sägas mer? I tankspriddhet
vill jag lyssna till vinden i natten
till korybanternas flöjter
och till de eviga vandrarnas språk

## "I DO BEST ALONE AT NIGHT"

I do best alone at night
alone with the secrets my lamp has
set free from the day that asks too much
bent over a labor never finished
the combinations of solitaire. What then
if the solitaire always defeats me
I have the whole night. Somewhere
chance is sleeping in the cards. Somewhere
a truth has been said once already
then why worry? Can it ever
be said again? In my absentmindedness
I will listen to the wind in the night
to the flutes of the Corybants
and to the speech of the men who wander forever

from GUNNAR EKELÖF:
A CONTEMPORARY MYSTIC

Ekelöf was born in 1907, and his first book of poems, *Late Hour on Earth (Sent på jorden)*, came out in 1932 in a private edition of the Spektrum Press. The so-called "culture debate" was in full swing at the time: the bourgeois humanistic culture was being attacked from three sides—by Marxism, by psychoanalysis, and by what was called primitivism. The voices of the propagandists broke against one another, and in this swarm of high, pugnacious words Ekelöf's *Late Hour on Earth* had the effect of an act of sabotage—long planned in silence and effective. Unlike the propagandists, Ekelöf used the secret approach of the saboteur. His aim was destruction of the "dead forms" in the culture, rather than salvation or proselytizing. At the same time, this book of poems represented the first personal application of the ideas of surrealism on Swedish soil.

Effective destruction rests upon thought and must be preceded by a thorough knowledge of both the objects to be blown up and the explosives to be used. Ekelöf's parodies of "classical masterpieces," executed with scorn and hidden love, showed deep familiarity with the marbled layers of classicism. The dead marble became a threefold symbol for dead beauty, for what was dead in the pseudo culture, and for what was dead in people. The technique itself was partly inspired by surrealism, but it was far from the idea of "uninhibited inspirations" which outlawed any artistic refinement. Yet *Late Hour on Earth* was objective as none of Ekelöf's later books were. Harsh unsentimentality, self-analysis disguised as arrogance which handled the "I" with an impassive scientific tone: "I have sunk from the function of man to the function of the floor rug," indirect satire, psychoanalysis, surrealist methods, atonalism, and cacophony, all fused into a new whole—this was something new. With suicidal ruthlessness, the ego and culture were stripped of all their attractive disguises, of all possibilities of self-defense, and indeed almost of their very reality; what was left behind was a lost child on the shore of a sea where the bullet-ridden stage sets were burning.

According to the surrealist view, speaking with a strong sense of self ought to be every man's inalienable right and heritage; and it is this self-assurance which the sensationally banal, money-making sense of shame, alike in all ages, always tries to smother. Rimbaud said: "The poet ought to make himself a seer through a thorough-going, unrestrained, and conscious disordering of all senses. All the shapes of love, pain, and madness: he searches for them himself, and, in order to preserve their essences, makes all poisons in his ego harmless. An unspeakable torture under whose influence the poet is changed into the great sick man, the great criminal, the great damned one—and into the greatest scientist of all. For he approaches the unknown. . . . The poet must discover a new speech—speech of the soul to the soul, summing up everything, perfumes, colors, sounds, thought catching thought and tugging at it."

Breton, a moralist, thought that the gains surrealist poems won from the unconscious (which was thought to contain man's true nature) were indirectly necessary for the reform of society. Following Breton's thought, Ekelöf, an antimoralist, says in the opening poem of *Dedication* (his second book):

*To the overwhelming and general stupidity, to the state*
*and the laws, the family and the church, lies*
*and fears, with hatred,*
*In order to violate false innocence, to ravage the*
*lovely false-fronts, to force purity to see its*
*stains and reason to grasp its insanity,*
*to whitewash sepulchres, to annihilate*
*writings. . . .*

This is not only the anarchistic voice of Rimbaud and the social vision of psychoanalysis in concentrated form, but also a personal experience distantly related to the one Strindberg had when he wrote his *Loki* poems. Yet this part of Ekelöf's declaration would certainly better have made an epigraph to his first book, *Late Hour on Earth*. For *Dedication* was to be Ekelöf's positive proclamation, a half-magical attempt "to sing all death from his life," to save himself. While the surrealists committed only their "unconscious" in their poetry, Ekelöf, in keeping with his fundamentally religious nature, went back to Rimbaud and the symbolists. Not heeding Breton's warning to be cautious, he committed himself wholly to the attempt to arrive at a future "in which eternal oneness shall be ours." . . .

In an analysis of Rimbaud's *A Season in Hell*, Ekelöf wrote: "Most persons have never bent their bow so hard that they had to listen to it break, and the despair that moves through *A Season in Hell* easily seems unreal and theatrical to them."

In his fifth book, *Ferryman's Song* (*Färjesång*, 1941), one can watch Ekelöf's distrust of reality extend to a distrust of our identity, our "I." *Ferryman's Song* concerns itself with the battle inside the spirits of those "who want a purpose."

Good and Evil, though not in equal degree, live as vampires upon innocence. The observation that what is sacrificed in the incessant civil war of good and evil is instinct, and Ekelöf's longing for a glimpse of some plan beyond dualism, finally led to the theory of three different human types. He describes these three types in the important poem called "Categories." . . . The first type of human being is the naive and the innocent, the timid wild creatures "who have not yet been tempted by dualism." The second category is made up of the masses of moralists, who always identify with what they believe in, and who commit themselves wholeheartedly to the battle of the dragon and the knight; these people are the committed, "those who are magnetized, those who go into the slightest thing with heart and soul and fate as the stakes—halfway evolved, and halfway held back; for the man who is his own prosecutor and his own defense attorney is also his own criminal." The third category includes the people who have gone the farthest along the road, namely, those who have passed through the "Judaic law of rationalism." . . . The third kind of human being sees even ethics as a form of *totalitarian opium:* he is free to take a stand (for example, against Nazism) but also free with part of his being to refuse party identification. One could say that this person is a rebel against the entire war mentality, and his hate and his battle are like heart and destiny—mere hostages.

The problem for this third kind of man is, naturally, society. A community of people becomes for him the consciousness of the loneliness of other people. Men can only meet in reverence for one another's loneliness, reverence based on the realization that what they all have in common is what is best in human nature, in other words, "what is ground in you is ground also in others." The mystic who takes "the inward and lower road" and who never renounces the condition of his freedom is in his way always loyal:

*He who does it shall never be deserted anyway.*
*He who does it shall remain loyal anyway.*
*The impractical is the only thing that is practical in the*
*long run.*

Ekelöf has arrived at his position only after accepting his own nature more willingly than he had before and by transforming his weakness into a strength in the classic manner of the poet. What once struck him as "the hell of indifference," has been met and changed into aristocratic and esoteric detachment. In the same sense, loneliness with its "infinite anguish" has been defeated by accepting "giving up" as the only possible form of life. The poet no longer insists on his abnormality; he is neither elect nor deprived—neither seer, blind man, nor clown. He can see himself from the outside, as the most thoughtless persons see him, serenely, as "an absolutely useless human being."

If one wished to quote a single passage that embodies Ekelöf's new view of the genuine individual and his life, one might choose these lines:

The non-mass-man is dead, long live the non-mass-man!
Long live the man who has the courage to be dead,
to be what he is: a third thing,
something in between,
but yet a nameless thing outside . . .

Gunnar Ekelöf's poetry is difficult. The time, moreover, has not lent itself to a full understanding of his originality. It is primarily the remarkable beauty of his poems that is responsible for the high position he holds among Swedish poets of today. In this investigation I have virtually passed over the social and esthetic points of view and have set myself merely to show the inner continuity of his development. . . .

From many angles, Ekelöf has been the "odd" poet among those who matured in the thirties. In part, he has stood out as the unfashionable one; yet he embodies in his personality something of what the old orthodox romantics used to talk about. He has drawn bold conclusions from his "thinking emotional life." This has given his private experiences an unusual range and has permitted him to throw new light onto the problem of personality. He has given the defense of individualism a deeper and more personal voice than has any other of the contemporary Swedish poets.

Through his courage in pursuing a line of thought when it was important, and in being and accepting himself, Ekelöf has at times reached the sublime. He has maintained his independence and his freedom and at the same time has been ready to pay for them. For "in order to become yourself, you have to look into the face of truth, though both the truth and your face will end up battered."

Eric Lindegren
*Translated by Robert Bly*

# TOMAS TRANSTRÖMER

Tomas Tranströmer, *courtesy of Hollerer*

Tomas Tranströmer seems to me the best poet to appear in Sweden for some years. He comes from a long line of ship-pilots who worked in and around the Stockholm Archipelago. He is at home on islands. His face is thin and angular, and the swift, spare face reminds one of Hans Christian Andersen's or the young Kierkegaard's. He has a strange genius for the image—images come up almost effortlessly. The images flow upward like water rising in some lonely place, in the swamps, or deep fir woods.

Swedish poetry tends to be very rational, and therefore open to fads. Swedish magazines often fill themselves with abstract hallucinatory poetry, typewriter poetry, alphabet poetry—poems that are really the nightmares of overfed linguists, of logical positivists with a high fever. Tranströmer, simply by publishing his books, leads a movement of poetry in the opposite direction, towards a poetry of silence and depths.

Tranströmer, who was born in 1931, published his first book, *17 Poems*, in 1954. His next book, *Secrets on the Road*, contained fourteen poems, and he published that four years later. In 1962, after another gap of four years, he published *Half-Finished Heaven*, with twenty-one poems, fifty-two poems in all in about ten years. With many English and American poets, this number of poems is considered to be about six months' work. In 1968 he published a new book, *Resonance and Tracks*. The first seventeen poems were enough for him to be recognized by many critics as the finest poet of his generation.

Tomas Tranströmer's independence also shows itself in his choice of work. He does not teach, or edit for Bonniers. He was for some years a psychologist at the boys' prison in Linköping. He has recently moved to Västerås, where he does somewhat similar work. He is married, and has two daughters. The boys he counseled at Linköping evidently retain a lively impression of him. Someone sent me a clipping from Sweden recently, which recounted the adventures of a youth who had escaped a short time before from the Linköping reformatory. It transpired that he registered in various Swedish hotels and motels as "T. Tranströmer, psychologist."

The poem called "After a Death" is surely some sort of brief masterpiece, and more moving than any poem written by an American on President Kennedy's death. Tomas Tranströmer's uncle died at nearly the same time, and Tomas has said that both deaths became mingled in the poem. He mentions in the last two lines a suit of Japanese armor in the Stockholm Museum, and says of death, "The samurai looks insignificant beside his armor of black dragon scales." That is magnificent.

One of the most beautiful qualities in his poems is the space we feel in them. I think one reason for that is that the four or five main images which appear in each of his poems come from widely separated sources in the psyche. His poems are a sort of railway station where trains that have come enormous distances stand briefly in the same building. One train may have some Russian snow still lying on the undercarriage, and another may have Mediterranean flowers still fresh in the compartments, and Ruhr soot on the roofs.

The poems are mysterious because of the distance the images have come to get there. Mallarmé believed there should be mystery in poetry, and urged poets to get it, if necessary, by removing the links that tie the poem to its occasion in the real world. In Tranströmer's poems, the link to the worldly occasion is stubbornly kept, and yet the poems have a mystery and surprise that never fade, even on many readings.

Robert Bly

Other Tranströmer Poems in English:

*Fifteen Poems*, translated by Eric Sellin, *New Directions Annual*, No. 19, 1966.
*Twenty Poems of Tomas Tranströmer*, translated by Robert Bly (Madison, Minnesota: The Seventies Press, 1971), out of print.
*Night Vision*, translated by Robert Bly (Northwoods Narrows, New Hampshire: Lillabulero Press, 1971).
*Windows and Stones: Selected Poems*, translated by May Swenson with Leif Sjöberg (Pittsburgh, Pennsylvania: University of Pittsburgh Press, 1972).

*from*

**17 DIKTER**  *(17 Poems)   1954*

**HEMLIGHETER PÅ VÄGEN**   *(Secrets on the Road)   1958*

**DEN HALVFÄRDIGA HIMLEN**
*(The Half-Finished Heaven)   1962*

**KLANGER OCH SPÅR**   *(Resonance and Tracks)   1966*

# KVÄLL—MORGON

Månens mast har murknat och seglet skrynklas.
Måsen svävar drucken bort över vattnet.
Bryggans tunga fyrkant är kolnad. Snåren
        dignar i mörkret.

Ut på trappan. Gryningen slår och slår i
havets gråstensgrindar och solen sprakar
nära världen. Halvkvävda sommargudar famlar i sjörök.

# EVENING — MORNING

The moon-mast has rotted, and the sail crinkled.
The seagull sails drunk above the water.
The thick dock-cube is charred. Bushes crouch down in
        the dark.

Out on the stoop. The sunrise is opening and slamming
granite gates of the ocean and the sun sparkles
near the world. Half-suffocated summer gods grope
        in the seasmoke.

# SKEPPARHISTORIA

Det finns barvinterdagar då havet är släkt
med bergstrakter, hukande i grå fjäderskrud,
en kort minut blått, långa timmar med vågor som bleka
lodjur, fåfängt sökande fäste i strandgruset.

En sådan dag går väl vraken ur havet och söker
sina redare, bänkade i stadens larm, och drunknade
besättningar blåser mot land, tunnare än piprök.

(I norr går de riktiga lodjuren, med vässta klor
och drömmande ögon. I norr där dagen
bor i en gruva både dag och natt.

Där den ende överlevande får sitta
vid norrskenets ugn och lyssna
till de ihjälfrusnas musik.)

# SAILOR'S TALE

There are stark winter days when the sea has links
to the mountain areas, hunched over in feathery
            grayness,
blue for a moment, then the waves for hours are like pale
lynxes, trying to get a grip on the gravelly shore.

On a day like that wrecks leave the sea and go looking
            for
their owners, surrounded by noise in the city, and
            drowned
crews blow toward land, more delicate than
            pipe-smoke.

(In the Far North the real lynx walks, with sharpened
            claws
and dream eyes. In the Far North where the day
lives in a pit night and day.

There the sole survivor sits by the furnace
of the Northern Lights, and listens to the music
coming from the men frozen to death.)

# HAN SOM VAKNADE AV SÅNG ÖVER TAKEN

Morgon, majregn. Staden är ännu stilla
som en fäbod. Gatorna stilla. Och i
himlen mullrar blågrönt en flygplansmotor.—
      Fönstret är öppet.

Drömmen där den sovande ligger utsträckt
blir då genomskinlig. Han rör sig, börjar
treva efter uppmärksamhetens verktyg—
      nästan i rymden.

## THE MAN AWAKENED BY A SONG
## ABOVE HIS ROOF

Morning, May rain. The city is silent still
as a sheepherder's hut. Streets silent. And in
the sky a plane motor is rumbling bluish-green.—
      The window is open.

The dream of the man stretched out sleeping
becomes at that instant transparent. He turns, begins
to grope for the tool of his consciousness—
      almost in space.

# SPÅR

På natten klockan två: månsken. Tåget har stannat
mitt ute på slätten. Långt borta ljuspunkter i en stad,
flimrande kallt vid synranden.

Som när en människa gått in i en dröm så djupt
att hon aldrig ska minnas att hon var där
när hon återvänder till sitt rum.

Och som när någon gått in i en sjukdom så djupt
att allt som var hans dagar blir några flimrande
            punkter, en svärm,
kall och ringa vid synranden.

Tåget står fullkomligt stilla.
Klockan två: starkt månsken, få stjärnor.

# TRACK

2 A.M.: moonlight. The train has stopped
out in a field. Far off sparks of light from a town,
flickering coldly on the horizon.

As when a man goes so deep into his dream
he will never remember that he was there
when he returns again to his room.

Or when a person goes so deep into a sickness
that his days all become some flickering sparks, a
            swarm,
feeble and cold on the horizon.

The train is entirely motionless.
2 o'clock: strong moonlight, few stars.

# KYRIE

Ibland slog mitt liv upp ögonen i mörker.
En känsla som om folkmassor drog genom gatorna
i blindhet och oro på väg till ett mirakel,
medan jag osynligt förblir stående.

Som barnet somnar in med skräck
lyssnande till hjärtats tunga steg.
Långt, långt tills morgonen sätter strålarna i låsen
och mörkrets dörrar öppnar sig.

# KYRIE

At times my life suddenly opens its eyes in the dark.
A feeling of masses of people pushing blindly
through the streets, excitedly, toward some miracle,
while I remain here and no one sees me.

It is like the child who falls asleep in terror
listening to the heavy thumps of his heart.
For a long, long time till morning puts his light in the
                locks
and the doors of darkness open.

## BALAKIREVS DRÖM (1905)

Den svarta flygeln, den glänsande spindeln
stod darrande mitt i sitt nät av musik.

I konsertsalen tonades fram ett land
där stenarna inte var tyngre än dagg.

Men Balakirev somnade under musiken
och drömde en dröm om tsarens droska.

Den rullade fram över kullerstenar
rakt in i det kråkkraxande mörka.

Han satt ensam inne i vagnen och såg
men sprang ändå bredvid på vägen.

Han visste att resan hade varat länge
och hans klocka visade år, inte timmar.

Det var ett fält där plogen låg
och plogen var en fågel som störtat.

Det var en vik där fartyget låg
infruset, släckt, med folk på däcket.

Droskan gled dit över isen och hjulen
spann och spann med ett ljud av silke.

Ett mindre krigsfartyg: "Sevastopol".
Han var ombord. Besättningsmän kom fram.

# BALAKIREV'S DREAM (1905)

The black grand-piano, the gleamy spider,
stood quivering in the centre of its music net.

The sounds in the concert room composed a land
where stones were no heavier than dew.

Balakirev though fell asleep during the music
and in his dream he saw the Czar's carriage.

It was rolling over the cobblestones
and straight on into the croaking, cawing night.

He was sitting alone inside the cab watching,
also he was running alongside on the road.

He knew the trip had been long already,
and the face on his watch showed years, not hours.

A field appeared in which a plough stood,
and the plough was a bird just leaving the ground.

A bay appeared where a destroyer stood,
ice-locked, lights out, people on deck.

The carriage rolled away over ice, the wheels
spinning and spinning with a sound like silk.

A destroyer of the second class: *Sevastapol*.
He was on it. The crew came toward him.

"Du slipper dö om du kan spela."
De visade ett egendomligt instrument.

Det liknade en tuba, eller en fonograf,
eller en del av någon okänd maskin.

Stelrädd och hjälplös förstod han: det är
det instrument som driver örlogsskeppen.

Han vände sig mot den närmaste matrosen,
tecknade förtvivlat med handen och bad:

"gör korstecknet som jag, gör korstecknet!"
Matrosen stirrade sorgset som en blind,

sträckte ut armarna, huvudet sjönk ned—
han hängde liksom fastspikad i luften.

Trummorna slog. Trummorna slog. Applåder!
Balakirev vaknade upp ur sin dröm.

Applådernas vingar smattrade i salen.
Han såg mannen vid flygeln resa sig upp.

Ute låg gatorna mörklagda av strejken.
Droskorna rullade hastigt i mörkret.

Milij Balakirev
1837 — 1910, rysk tonsättare

"If you can play, you won't have to die."
Then they showed him an amazing instrument.

It looked like a tuba, or an old phonograph,
or a section of some unheard-of machine.

Helpless and afraid, suddenly he realized: it is
the device that is used to power naval ships.

He turned to the sailor standing nearest,
waved his hand in despair, and said:

"Imitate me, make the sign of the cross, make the sign!"
The sailor stared full of grief like a blind man,

opened his arms out, let his head fall—
he hung there as if nailed to the air.

Here are the drums. Here are the drums. Applause!
Balakirev woke up from his dream.

Applause-wings were flapping about the room.
He watched the man at the grand piano stand up.

Outdoors a strike had darkened the city streets.
Carriages for hire rolled swiftly through the night.

> Milij Balakirev (1837 – 1910)
> Russian composer

# EFTER ANFALL

Den sjuka pojken.
Fastlåst i en syn
med tungan styv som ett horn.

Han sitter med ryggen vänd mot tavlan med sädesfältet.
Bandaget kring käken för tanken till balsamering.
Hans glasögon är tjocka som en dykares. Och allting
            är utan svar
och häftigt som när telefonen ringer i mörkret.

Men tavlan bakom. Det är ett landskap som ger ro fast
            säden är en gyllene storm.
Blåeldsblå himmel och drivande moln. Därunder i det
            gula svallet
seglar några vita skjortor: skördemän—de kastar inga
            skuggor.

Det står en man långt borta på fältet och tycks se hitåt.
En bred hatt skymmer hans ansikte.
Han tycks betrakta den mörka gestalten här i rummet,
            kanske till hjälp.
Omärkligt har tavlan börjat vidga sig och öppnas
            bakom den sjuke
och försjunkne. Det gnistrar och hamrar. Varje ax är
            tänt som för att väcka honom!
Den andre—i säden—ger ett tecken.

Han har närmat sig.
Ingen ser det.

## AFTER THE ATTACK

The sick boy.
Locked in a vision
with tongue stiff as a horn.

He sits with his back toward the painting of a
        wheatfield.
The bandage around his jaw reminds one of an
        embalming.
His spectacles are thick as a diver's. Nothing has any
        answer
and is sudden as a telephone ringing in the night.

But the painting there. It is a landscape that makes one
        feel peaceful even though the wheat is a
        golden storm.
Blue, fiery blue sky and driving clouds. Beneath in the
        yellow waves
some white shirts are sailing: threshers—they cast
        no shadow.

At the far end of the field a man seems to be looking this
        way. A broad hat leaves his face in shadow.
He seems to look at the dark shape in the room here,
        as though to help.
Gradually the painting begins to stretch and open
        behind the boy who is sick
and sunk in himself. It throws sparks and makes noise.
        Every wheathead throws off light as if to
        wake him up!
The other man—in the wheat—makes a sign.

He has come nearer.
No one notices it.

# PARET

De släcker lampan och dess vita kupa skimrar
ett ögonblick innan den löses upp
som en tablett i ett glas mörker. Sedan lyftas.
Hotellets väggar skjuter upp i himmelsmörkret.

Kärlekens rörelser har mojnat och de sover
men deras hemligaste tankar möts
som när två färger möts och flyter in i varann
på det våta papperet i en skolpojksmålning.

Det är mörkt och tyst. Men staden har ryckt närmare
i natt. Med släckta fönster. Husen kom.
De står i hopträngd väntan mycket nära,
en folkmassa med uttryckslösa ansikten.

# THE COUPLE

They turn the light off, and its white globe glows
an instant and then dissolves, like a tablet
in a glass of darkness. Then a rising.
The hotel walls shoot up into heaven's darkness.

Their movements have grown softer, and they sleep,
but their most secret thoughts begin to meet
like two colors that meet and run together
on the wet paper in a schoolboy's painting.

It is dark and silent. The city however has come nearer
tonight. With its windows turned off. Houses have
            come.
They stand packed and waiting very near,
a mob of people with blank faces.

# LAMENTO

Han lade ifrån sig pennan.
Den vilar stilla på bordet.
Den vilar stilla i tomrummet.
Han lade ifrån sig pennan.

För mycket som varken kan skrivas eller förtigas!
Han är lamslagen av något som händer långt borta
fast den underbara kappsäcken dunkar som ett hjärta.

Utanför är försommaren.
Från grönskan kommer visslingar—människor eller
        fåglar?
Och körsbärsträd i blom klappar om lastbilarna som
        kommit hem.

Det går veckor.
Det blir långsamt natt.
Malarna sätter sig på rutan:
små bleka telegram från världen.

## LAMENTO

He puts the pen down.
It lies there without moving.
It lies there without moving in empty space.
He puts the pen down.

So much that can neither be written nor kept inside!
His body is stiffened by something happening far away
though the curious traveling kit beats like a heart.

Outside, the late spring.
From the foliage a whistling—people or birds?
And the cherry trees in bloom hug the heavy trucks
          coming back.

Weeks go by.
Slowly night comes.
Moths settle down on the pane:
small pale messages from the world.

# ALLEGRO

Jag spelar Haydn efter en svart dag
och känner en enkel värme i händerna.

Tangenterna vill. Milda hammare slår.
Klangen är grön, livlig och stilla.

Klangen säger att friheten finns
och att någon inte ger kejsaren skatt.

Jag kör ner händerna i mina haydnfickor
och härmar en som ser lugnt på världen.

Jag hissar haydnflaggan—det betyder:
"Vi ger oss inte. Men vill fred."

Musiken är ett glashus på sluttningen
där stenarna flyger, stenarna rullar.

Och stenarna rullar tvärs igenom
men varje ruta förblir hel.

# ALLEGRO

After a black day, I play Haydn,
and feel a little warmth in my hands.

The keys are ready. Kind hammers fall.
The sound is spirited, green, and full of silence.

The sound says that freedom exists
and someone pays no tax to Caesar.

I shove my hands in my haydnpockets
and act like a man who is calm about it all.

I raise my haydnflag. The signal is:
"We do not surrender. But want peace."

The music is a house of glass standing on a slope;
rocks are flying, rocks are rolling.

The rocks roll straight through the house
but every pane of glass is still whole.

# DEN HALVFÄRDIGA HIMLEN

Modlösheten avbryter sitt lopp.
Ångesten avbryter sitt lopp.
Gamen avbryter sin flykt.

Det ivriga ljuset rinner fram,
även spökena tar sig en klunk.

Och våra målningar kommer idagen,
våra istidsateljéers röda djur.

Allting börjar se sig omkring.
Vi går i solen hundratals.

Var människa en halvöppen dörr
som leder till ett rum för alla.

Den oändliga marken under oss.

Vattnet lyser mellan träden.

Insjön är ett fönster mot jorden.

## THE HALF-FINISHED HEAVEN

Cowardice breaks off on its path.
Anguish breaks off on its path.
The vulture breaks off in its flight.

The eager light runs into the open,
even the ghosts take a drink.

And our paintings see the air,
red beasts of the ice-age studios.

Everything starts to look around.
We go out in the sun by hundreds.

Every person is a half-open door
leading to a room for everyone.

The endless field under us.

Water glitters between the trees.

The lake is a window into the earth.

# NOCTURNE

Jag kör genom en by om natten, husen stiger fram
i strålkastarskenet—de är vakna, de vill dricka.
Hus, lador, skyltar, herrelösa fordon—det är nu
de ikläder sig Livet.—Människorna sover:

en del kan sova fridfullt, andra har spända anletsdrag
som om de låg i hård träning för evigheten.
De vågar inte släppa allt fast deras sömn är tung.
De vilar som fällda bommar när mysteriet drar förbi.

Utanför byn går vägen länge mellan skogens träd.
Och träden träden tigande i endräkt med varann.
De har en teatralisk färg som finns i eldsken.
Vad deras löv är tydliga! De följer mig ända hem.

Jag ligger och ska somna, jag ser okända bilder
och tecken klottrande sig själva bakom ögonlocken
på mörkrets vägg. I springan mellan vakenhet och dröm
försöker ett stort brev tränga sig in förgäves.

# NOCTURNE

I drive through a village at night, the houses step out
into the headlights—they are awake now, they want a
            drink.
Houses, barns, nameposts, deserted trailers—now
they take on life. Human beings sleep:

some can sleep peacefully, others have tense faces
as though in hard training for eternity.
They don't dare to let go even in deep sleep.
They wait like lowered gates while the mystery rolls
            past.

Outside town the road sweeps on a long time through
            the forest.
Trees, trees silent in a pact with each other.
They have a melodramatic color, like trees in a fire!
How clear every leaf is! They follow me all the way
            home.

I lie about to fall asleep, I see unknown images
and signs sketching themselves behind the eyelids
on the wall of the dark. In the slot between waking
            and sleep
a large letter tries to get in without quite succeeding.

# UR EN AFRIKANSK DAGBOK (1963)

På den kongolesiske hötorgsmålarens tavlor
rör sig gestalterna tunna som insekter, berövade sin
     människokraft.
Det är den svåra passagen mellan två sätt att leva.
Den som är framme har en lång väg att gå.

En ung man fann utlänningen som gått vilse bland
     hyddorna.
Han visste inte om han ville ha honom som vän eller
     som föremål för utpressning.
Tveksamheten gjorde honom upprörd. De skildes i
     förvirring.

Européerna håller sig annars kring bilen som vore den
     Mamma.
Cikadorna är starka som rakapparater. Bilen kör hem.
Snart kommer det sköna mörkret som tar hand om
     smutskläderna. Sov.
Den som är framme har en lång väg att gå.

Det kanske hjälper med ett flyttfågelssträck av
     handskakningar.
Det kanske hjälper att släppa ut sanningen ur böckerna.
Det är nödvändigt att gå vidare.

Studenten läser i natten, läser och läser för att bli fri
och efter examen förvandlas till ett trappsteg för näste
     man.
En svår passage.
Den som är framme har en lång väg att gå.

## FROM AN AFRICAN DIARY (1963)

In the painting of the kitsch Congolese artists
The figures are skinny as insects, their human energy
      saddened.
The road from one way of life to another is hard.
Those who are ahead have a long way to go.

A young African found a tourist lost among the huts.
He couldn't decide whether to make him a friend or
      object of blackmail.
The indecision upset him. They parted in confusion.

Europeans huddle around their cars as if the cars were
      Mama.
Cicadas are strong as electric razors. The cars go back.
Soon the lovely darkness comes and washes the dirty
      clothes. Sleep.
Those who are ahead have a long way to go.

Perhaps a migratory flock of handshakes would help.
Perhaps letting the truth escape from books would help.
We have to go farther.

The student studies all night, studies and studies so
      he can be free.
When the examination is over, he turns into a stair-rung
      for the next man.
A hard road.
Those who are ahead have a long way to go.

# MORGONFÅGLAR

Jag väcker bilen
som har vindrutan överdragen med frömjöl.
Jag sätter på mig solglasögonen.
Fågelsången mörknar.

Medan en annan man köper en tidning
på järnvägsstationen
i närheten av en stor godsvagn
som är alldeles röd av rost
och står flimrande i solen.

Inga tomrum någonstans här.

Tvärs genom vårvärmen en kall korridor
där någon kommer skyndande
och berättar att man förtalat honom
ända upp i styrelsen.

Genom en bakdörr i landskapet
kommer skatan
svart och vit, Hels fågel.
Och koltrasten som rör sig kors och tvärs
tills allt blir en kolteckning,
utom de vita kläderna på tvättstrecket:
en palestrinakör.

Inga tomrum någonstans här.

## MORNING BIRD SONGS

I wake up my car;
pollen covers the windshield.
I put my dark glasses on.
The bird songs all turn dark.

Meanwhile someone is buying a paper
at the railroad station
not far from a big freight car
reddened all over with rust.
It shimmers in the sun.

The whole universe is full.

A cool corridor cuts through the spring warmth;
a man comes hurrying past
describing how someone right up in the main office
has been telling lies about him.

Through a backdoor in the landscape
the magpie arrives,
black and white, bird of the death-goddess.
A blackbird flies back and forth
until the whole scene becomes a charcoal drawing,
except for the white clothes on the line:
a Palestrina choir.

The whole universe is full!

Fantastiskt att känna hur min dikt växer
medan jag själv krymper.
Den växer, den tar min plats.
Den tränger undan mig.
Den kastar mig ur boet.
Dikten är färdig.

Fantastic to feel how my poem is growing
while I myself am shrinking.
It's getting bigger, it's taking my place,
it's pressing against me.
It has shoved me out of the nest.
The poem is finished.

# ENSAMHET

## I

Här var jag nära att omkomma en kväll i februari.
Bilen gled sidledes på halkan, ut
på fel sida av vägen. De mötande bilarna—
deras lyktor—kom nära.

Mitt namn, mina flickor, mitt jobb
lösgjorde sig och blev kvar tyst bakom,
allt längre bort. Jag var anonym
som en pojke på en skolgård omgiven av fiender.

Mötande trafik hade väldiga ljus.
De lyste på mig medan jag styrde och styrde
i en genomskinlig skräck som flöt som äggvita.
Sekunderna växte—man fick rum där—
de blev stora som sjukhusbyggnader.

Man kunde nästan stanna upp
och andas ut en stund
innan man krossades.

Då uppstod ett fäste: ett hjälpande sandkorn
eller en underbar vindstöt. Bilen kom loss
och krälade snabbt tvärs över vägen.
En stolpe sköt upp och knäcktes—en skarp klang—den
flög bort i mörkret.

Tills det blev stilla. Jag satt kvar i selen
och såg hur någon kom genom snöyran
för att se vad det blev av mig.

# SOLITUDE

Right here I was nearly killed one night in February.
My car slewed on the ice, sideways,
into the other lane. The oncoming cars—
their headlights—came nearer.

My name, my daughters, my job
slipped free and fell behind silently,
farther and farther back. I was anonymous,
like a schoolboy in a lot surrounded by enemies.

The approaching traffic had powerful lights.
They shone on me while I turned and turned
the wheel in a transparent fear that moved like eggwhite.
The seconds lengthened out—making more room—
they grew long as hospital buildings.

It felt as if you could just take it easy
and loaf a bit
before the smash came.

Then firm land appeared: a helping sandgrain
or a marvelous gust of wind. The car took hold
and fish-tailed back across the road.
A signpost shot up, snapped off—a ringing sound—
tossed into the dark.

Came all quiet. I sat there in my seatbelt
and watched someone tramp through the blowing snow
to see what had become of me.

## II

Jag har gått omkring länge
på de frusna östgötska fälten.
Ingen människa har varit i sikte.

I andra delar av världen
finns de som föds, lever, dör
i en ständig folkträngsel.

Att alltid vara synlig—leva
i en svärm av ögon—
måste ge ett särskilt ansiktsuttryck.
Ansikte överdraget med lera.

Mumlandet stiger och sjunker
medan de delar upp mellan sig
himlen, skuggorna, sandkornen.

Jag måste vara ensam
tio minuter på morgonen
och tio minuter på kvällen.
—Utan program.

Alla står i kö hos alla.

Flera.

En.

## II

I have been walking a while
on the frozen Swedish fields
and I have seen no one.

In other parts of the world
people are born, live, and die
in a constant human crush.

To be visible all the time—to live
in a swarm of eyes—
surely that leaves its mark on the face.
Features overlaid with clay.

The low voices rise and fall
as they divide up
heaven, shadows, grains of sand.

I have to be by myself
ten minutes every morning,
ten minutes every night,
—and nothing to be done!

We all line up to ask each other for help.

Millions.

One.

# EFTER NÅGONS DÖD

Det var en gång en chock
som lämnade efter sig en lång, blek, skimrande
       kometsvans.
Den hyser oss. Den gör TV-bilderna suddiga.
Den avsätter sig som kalla droppar på luftledningarna.

Man kan fortfarande hasa fram på skidor i vintersolen
mellan dungar där fjolårslöven hänger kvar.
De liknar blad rivna ur gamla telefonkataloger—
abonnenternas namn uppslukade av kölden.

Det är fortfarande skönt att känna sitt hjärta bulta.
Men ofta känns skuggan verkligare än kroppen.
Samurajen ser obetydlig ut
bredvid sin rustning av svarta drakfjäll.

# AFTER A DEATH

Once there was a shock
that left behind a long, shimmering comet tail.
It keeps us inside. It makes the TV pictures snowy.
It settles in cold drops on the telephone wires.

One can still go slowly on skis in the winter sun
through brush where a few leaves hang on.
They resemble pages torn from old telephone directories.
Names swallowed by the cold.

It is still beautiful to feel the heart beat
but often the shadow seems more real than the body.
The samurai looks insignificant
beside his armor of black dragon scales.

## UNDER TRYCK

Den blå himlens motordån är starkt.
Vi är närvarande på en arbetsplats i darrning,
där havsdjupet plötsligt kan uppenbara sig—
snäckor och telefoner susar.

Det sköna hinner man bara se hastigt från sidan.
Den täta säden på åkern, många färger i en gul ström.
De oroliga skuggorna i mitt huvud dras dit.
De vill krypa in i säden och förvandlas till guld.

Mörkret faller. Vid midnatt går jag till sängs.
Den mindre båten sätts ut från den större båten.
Man är ensam på vattnet.
Samhällets mörka skrov driver allt längre bort.

## UNDER PRESSURE

Powerful engines from the blue sky.
We live on a construction site where everything shivers,
where the ocean depths can suddenly open.
A hum in seashells and telephones.

You can see beauty if you look quickly to the side.
The heavy grainfields run together in one yellow river.
The restless shadows in my head want to go out there.
They want to crawl in the grain and turn into something
          gold.

Night finally. At midnight I go to bed.
The dinghy sets out from the ship.
On the water you are alone.
The dark hull of society keeps on going.

# ÖPPNA OCH SLUTNA RUM

En man känner på världen med yrket som en handske.
Han vilar en stund mitt på dagen och har lagt ifrån sig
        handskarna på hyllan.
Där växer de plötsligt, breder ut sig
och mörklägger hela huset inifrån.

Det mörklagda huset är mitt ute bland vårvindarna.
"Amnesti" går viskningen i gräset: "amnesti".
En pojke springer med en osynlig lina som går snett
        upp i himlen
där hans vilda dröm om framtiden flyger som en drake
        större än förstaden.

Längre norrut ser man från en höjd den blå oändliga
        barrskogsmattan
där molnskuggorna
står stilla.
Nej, flyger fram.

## OPEN AND CLOSED SPACE

With his work, as with a glove, a man feels the universe.
At noon he rests a while, and lays the gloves aside
        on a shelf.
There they suddenly start growing, grow huge
and make the whole house dark from inside.

The darkened house is out in the April winds.
"Amnesty," the grass whispers, "amnesty."
A boy runs along with an invisible string which goes
        right up into the sky.
There his wild dream of the future flies like a kite,
        bigger than his town.

Further to the north, you see from a hill the blue
        matting of fir trees
on which the shadows of the clouds
do not move.
No, they are moving.

# I DET FRIA

## 1

Senhöstlabyrint.
Vid skogens ingång en bortkastad tomflaska.
Gå in. Skogen är tysta övergivna lokaler så här års.
Bara några få slags ljud: som om någon flyttade kvistar
        försiktigt med en pincett
eller ett gångjärn som gnyr svagt inne i en tjock stam.
Frosten har andats på svamparna och de har skrumpnat.
De liknar föremål och plagg som hittas efter försvunna.
Nu kommer skymningen. Det gäller att hinna ut
och återse sina riktmärken: det rostiga redskapet ute
        på åkern
och huset på andra sidan sjön, en rödbrun fyrkant stark
        som en buljongtärning.

# OUT IN THE OPEN

Late autumn labyrinth.
On the porch of the woods a thrown-away bottle.
Go in. Woods are silent abandoned houses this time
       of year.
Just a few sounds now: as if someone were moving
       twigs around carefully with pincers
or as if an iron hinge were whining feebly inside a
       thick trunk.
Frost has breathed on the mushrooms and they have
       shrivelled up.
They look like objects and clothing left behind by people
       who've disappeared.
The dusk here already. The thing to do now is to get out
and find the landmarks again: the rusty machine out
       in the field
and the house on the other side of the lake, a reddish
       square intense as a bullion cube.

Ett brev från Amerika satte igång mig, drev ut mig
en ljus natt i juni på tomma gator i förstaden
bland nyfödda kvarter utan minne, svala som ritningar.

Brevet i fickan. Osaliga rasande vandring, den är ett
      slags förbön.
Hos er har det onda och goda verkligen ansikten.
Det som hos oss mest är en kamp mellan rötter,
      siffror, dagrar.

De som går dödens ärenden skyr inte dagsljuset.
De styr från glasvåningar. De myllrar i solgasset.
De lutar sig fram över disken och vrider på huvudet.

Långt borta råkar jag stanna framför en av de nya
      fasaderna.
Många fönster som flyter ihop till ett enda fönster.
Natthimlens ljus fångas in där och trädkronornas
      vandring.
Det är en speglande sjö utan vågor, upprest i
      sommarnatten.

Våld känns overkligt
en kort stund.

A letter from America drove me out again, started me
      walking
through the luminous June night in the empty suburban
      streets
among newborn districts without memories, cool as
      blueprints.

Letter in my pocket. You wild, raging walking, you are
      a kind of prayer for others.
Over there evil and good actually have faces.
For the most part with us it's a fight between roots,
      numbers, shades of light.

The people who do death's errands for him don't shy
      from daylight.
They rule from glass offices. They mill about in the
      bright sun.
They lean forward over a table, and throw a look to
      the side.

Far off I found myself standing in front of one of the
      new buildings.
Many windows flowed together there into a single
      window.
In it the luminous nightsky was caught, and the
      walking trees.
It was a mirror-like lake with no waves, turned on edge
      in the summer night.

Violence seemed unreal
for a few moments.

Solen bränner. Flygplanet går på låg höjd
och kastar en skugga i form av ett stort kors som rusar
     fram på marken.
En människa sitter på fältet och rotar.
Skuggan kommer.
Under en bråkdels sekund är han mitt i korset.

Jag har sett korset som hänger i svala kyrkvalv.
Det liknar ibland en ögonblicksbild
av något i häftig rörelse.

Sun burning. The plane comes in low
throwing a shadow shaped like a giant cross that
       rushes over the ground.
A man is sitting in the field poking at something.
The shadow arrives.
For a fraction of a second he is right in the centre of
       the cross.

I have seen the cross hanging in the cool church vaults.
At times it resembles a split-second shot of something
moving at tremendous speed.

# LÅNGSAM MUSIK

Byggnaden är stängd. Solen tränger in genom
      fönsterrutorna
och värmer upp ovansidan på skrivborden
som är starka nog att bära människoödens tyngd.

Vi är ute i dag, på den långa vida sluttningen.
Många har mörka kläder. Man kan stå i solen och
      blunda
och känna hur man långsamt blåser framåt.

Jag kommer för sällan fram till vattnet. Men nu är
      jag här,
bland stora stenar med fridfulla ryggar.
Stenar som långsamt vandrat baklänges upp ur
      vågorna.

## SLOW MUSIC

The building not open today. The sun crowds in through
       the windowpanes
and warms the upper side of the desk
which is strong enough to bear the fate of others.

Today we are outdoors, on the long wide slope.
Some have dark clothes. If you stand in the sun, and
       shut your eyes,
you feel as if you were being slowly blown forward.

I come too seldom down to the sea. But now I have
       come,
among good-sized stones with peaceful backs.
The stones have been gradually walking backwards
       out of the sea.

*from*

# MÖRKERSEENDE   *(Night Vision)*   *1970*
and
Some New Poems

# NAMNET

Jag blir sömnig under bilfärden och kör in under träden vid sidan av vägen. Rullar ihop mig i baksätet och sover. Hur länge? Timmar. Mörkret hann falla.

Plötsligt är jag vaken och känner inte igen mig. Klarvaken, men det hjälper inte. Var är jag? VEM är jag? Jag är nånting som vaknar i ett baksäte, snor omkring i panik som en katt i en säck. Vem?

Äntligen kommer mitt liv tillbaka. Mitt namn kommer som en ängel. Utanför murarna blåser en trumpetsignal (som i Leonorauvertyren) och de räddande stegen kommer snabbt snabbt nerför den alltför långa trappan. Det är jag! Det är jag!

Men omöjligt att glömma de femton sekundernas kamp i glömskans helvete, några meter från stora vägen där trafiken glider förbi med påslagna ljus.

# THE NAME

I got sleepy while driving and pulled in under a tree at the side of the road. Rolled up in the back seat and went to sleep. How long? Hours. Darkness had come.

All of a sudden I was awake, and didn't know who I was. I'm fully conscious, but that doesn't help. Where am I? WHO am I? I am something that has just woken up in a back seat, throwing itself around in panic like a cat in a gunnysack. Who am I?

After a long while my life comes back to me. My name comes to me like an angel. Outside the castle walls there is a trumpet blast (as in the Leonora Overture) and the footsteps that will save me come quickly quickly down the long staircase. It's me coming! It's me!

But it is impossible to forget the fifteen-second battle in the hell of nothingness, a few feet from a major highway where the cars slip past with their lights dimmed.

# NÅGRA MINUTER

Den låga tallen på myren håller upp sin krona:
    en mörk trasa.
Men det man ser är ingenting
mot rötterna, det utspärrade, dolt krypande, odödliga
    eller halvdödliga
rotsystemet.

Jag du hon han förgrenar sig också.
Utanför det man vill.
Utanför Metropolis.

Ur den mjölkvita sommarhimlen faller ett regn.
Det känns som om mina fem sinnen var kopplade till
    en annan varelse
som rör sig lika halsstarrigt
som de ljusklädda löparna på ett stadion där
    mörkret strilar ner.

## A FEW MOMENTS

The dwarf pine on marsh ground holds its head up:
        a dark rag.
But what you see is nothing compared to the roots,
the widening, secretly groping, deathless or half-
deathless root system.

I you she he also put roots out.
Outside our common will.
Outside the City.

Rain drifts from the summer sky that's pale as milk.
It is as if my five senses were hooked up to some other
        creature
that moves with the same stubborn flow
as the runners in white circling the track as the night
        comes misting in.

# ANDRUM JULI

Den som ligger på rygg under de höga träden
är också däruppe. Han rännilar sig ut i tusentals
          kvistar,
gungar fram och tillbaka,
sitter i en katapultstol som går loss i ultrarapid.

Den som står nere vid bryggorna kisar mot vattnen.
Bryggorna åldras fortare än människor.
De har silvergrått virke och stenar i magen.
Det bländande ljuset slår ända in.

Den som färdas hela dagen i öppen båt
över de glittrande fjärdarna
ska somna till sist inne i en blå lampa
medan öarna kryper som stora nattfjärilar över glaset.

# BREATHING SPACE JULY

The man who lies on his back under huge trees
is also up in them. He branches out into thousands of
      tiny branches.
He sways back and forth,
he sits in a catapult chair that hurtles forward in slow
      motion.

The man who stands down at the dock screws up his
      eyes against the water.
Ocean docks get older faster than men.
They have silver gray posts and boulders in their gut.
The dazzling light drives straight in.

The man who spends the whole day in an open boat
moving over the luminous bays
will fall asleep at last inside the shade of his blue lamp
as the islands crawl like huge moths over the globe.

# MED ÄLVEN

Vid samtal med samtida såg hörde jag bakom deras
      ansikten
strömmen
som rann och rann och drog med sig villiga och
      motvilliga.

Och varelsen med igenklistrade ögon
som vill gå mitt i forsen medströms
kastar sig rakt fram utan att skälva
i en rasande hunger efter enkelhet.

Allt stridare vatten drar

som där älven smalnar och går över
i forsen—platsen där jag rastade
efter en resa genom torra skogar

en junikväll: Transistorn ger det senaste
om extrasessionen: Kosygin, Eban.
Några få tankar borrar förtvivlat.
Några få människor borta i byn.

Och under hängbron störtar vattenmassorna
förbi. Här kommer timret. Några trän
styr som torpeder rakt fram. Andra vänder
på tvären, snurrar trögt och hjälplöst hän

och några nosar sig mot älvens stränder,
styr in bland sten och bråte, kilas fast
och tornar upp sig där som knäppta händer

orörliga i dånet . . .

## GOING WITH THE CURRENT

Talking and talking with friends I saw heard behind
          their faces
the current
dragging with it those who want to go and those
          who don't.

And I saw a creature with its eyes glued together
who wants to leap right into the middle of the stream
throw himself out without a shiver
in a ravenous thirst for the simple answer.

Faster and faster the water pulls

as when a river narrows down and shoots over
into rapids—I stopped to rest at a spot like that
after a drive through dry woods

one evening in June: the transistor told me the latest
on the Extra Session: Kosygin, Eban.
One or two thoughts bored their way in despairingly.
One or two men down in the village.

And huge masses of water plough by under the
          suspension
bridge. Down comes the timber! Some trunks
just shoot straight ahead like torpedoes. Others turn
crossways, sluggish, and spin helplessly away,

and others follow their nose onto the riverbank,
steer in among stones and rubbish, get wedged,
then in a pile turn up toward the sky like folded hands,

prayers drowned in the roar . . .

såg hörde jag från hängbron
i ett moln av mygg,
tillsammans med några pojkar. Deras cyklar
begravda i grönskan—bara hornen
stack upp.

I saw heard it from a suspension bridge
in a cloud of gnats
together with a few boys. Their bicycles
buried in the bushes—only the horns
stood up.

# UTKANTSOMRÅDE

Män i överdragskläder med samma färg som marken
    kommer upp ur ett dike.
Det är ett övergångsområde, dödläge, varken stad
    eller land.
Byggnadskranarna vid horisonten vill ta det stora
    språnget men klockorna vill inte.
Kringkastade cementrör lapar ljuset med torra tungor.
Bilplåtverkstäder inrymda i före detta lagårdar.
Stenarna kastar skuggorna skarpt som föremål på
    månytan.
Och de platserna bara växer.
Som det man köpte för Judas' pengar: "Krukmakaråkern
    till begravningsplats för främlingar."

# OUTSKIRTS

Men in overalls the same color as earth rise from a ditch.
It's a transitional place, in stalemate, neither country
        nor city.
Construction cranes on the horizon want to take the
        big leap, but the clocks are against it.
Concrete piping scattered around laps at the light with
        cold tongues.
Auto-body shops occupy old barns.
Stones throw shadows as sharp as objects on the moon
        surface.
And these sites keep on getting bigger
like the land bought with Judas' silver: "a field to be
        used as a cemetery for strangers."

# TRAFIK

Långtradaren med släpvagn kryper genom dimman
och är en stor skugga av trollsländans larv
som rör sig i grumlet på insjöns botten.

Strålkastare möts i en drypande skog.
Man kan inte se den andres ansikte.
Ljusfloden störtar genom barren.

Vi kommer skuggor fordon från alla håll
i skymningen, går samman efter varann
förbi varann, glider fram i ett nerskruvat larm

ute på slätten där industrierna ruvar
och byggnaderna sjunker två millimeter
om året—marken slukar dem sakta.

Oidentifierade tassar sätter sina avtryck
på den blankaste produkt som dröms fram här.
Frön försöker leva i asfalten.

Men först kastanjeträden, dystra som om
de förberedde en blomning av järnhandskar
i stället för vita kolvar, och bakom dem

bolagets tjänsterum—ett lysrör i olag
blinkar blinkar. Det finns en lönndörr här. Öppna!
och se in i det omvända periskopet

neråt, mot mynningarna, mot de djupa rören
där algerna växer som de dödas skägg
och Städaren driver i sin dräkt av slem

# TRAFFIC

The semi-trailer crawls through the fog.
It is the lengthened shadow of a dragonfly larva
crawling over the murky lakebottom.

Headlights cross among dripping branches.
You can't see the other driver's face.
Light overflows through the pines.

We have come shadows chassis from all directions
in failing light, we go in tandem after each other,
past each other sweep on in a modest roar

into the open where the industries are brooding,
and every year the factory buildings go down another
eighth of an inch—the earth is gulping them slowly.

Paws no one can identify leave a print
on the glossiest artifacts dreamed up here.
Pollen is determined to live in asphalt.

But the horsechestnut trees loom up first, melancholy
as if they intended to produce clusters of iron gloves
rather than white flowers, and past them

the reception room—a fluorescent light out of order
blinks off and on. Some magic door is around here!
           Open!
and look downward, through the reversed periscope,

down to the great mouths, the huge buried pipes
where algae is growing like the beards on dead men
and the Cleaner swims on in his overcoat of slime

med allt mattare simtag, på väg att kvävas.
Och ingen vet hur det ska gå, bara att kedjan
bryts och fogas ihop igen ständigt.

his strokes weaker and weaker, he will be choked soon.
And no one knows what will happen, we only know
the chain breaks and grows back together all the time.

# NATTJOUR

## I

I natt är jag nere hos barlasten.
Jag är en av de tigande tyngderna
som hindrar skutan att stjälpa!
Otydliga ansikten i mörkret som stenar.
De kan bara väsa: "rör mej inte."

## II

Andra röster tränger på, lyssnaren
glider som en smal skugga över radions
självlysande band av stationer.
Språket marscherar i takt med bödlarna.
Därför måste vi hämta ett nytt språk.

## III

Vargen är här, alla timmarnas vän
och han rör vid fönstren med sin tunga.
Dalen är full av krälande yxskaft.
Nattflygarens dån rinner över himlen
trögt, som från en rullstol med hjul av järn.

## IV

Man gräver upp staden. Men det är tyst nu.
Under almarna på kyrkogården:
en tom grävmaskin. Skopan mot marken—
gesten hos en som somnat över bordet
med knytnäven framför sig.—Klockringning.

# NIGHT DUTY

## I

During the night I am down there with the ballast
I am one of those dead weights that say nothing,
that keep the sloop from turning over!
Fuzzy-edged faces in the dark, like stones.
All they can do is hiss: "Don't touch me."

## II

And other voices push through, the listener
is slipping over the luminous radio
dial like a slender shadow.
The language marches in perfect step with the boots.
Therefore: go out and pick a new language!

## III

The wolf is here! Our helper and friend!
and against the windows he lays his tongue.
The valley is full of crawling axe-handles.
The night jet roars over the sky
as if it were a wheel-chair running on its rims.

## IV

They are digging the place up. But it's quiet now.
In the empty cemetery under the elms:
an empty steam shovel. Its bucket on the ground—
like a man fallen asleep at a table,
his fist thrown forward. Church bells.

# DET ÖPPNA FÖNSTRET

Jag stod och rakade mig en morgon
framför det öppna fönstret
en trappa upp.
Knäppte igång rakapparaten.
Den började spinna.
Den surrade starkare och starkare.
Växte till ett dån.
Växte till en helikopter
och en röst—pilotens—trängde fram
genom dånet, skrek:
"Håll ögonen öppna!
Du ser det för sista gången."
Vi lyfte.
Flög lågt över sommaren.
Så mycket jag tyckte om, har det nån tyngd?
Dussintals dialekter av grönt.
Och särskilt det röda i trähusväggarna.
Skalbaggarna blänkte i dyngan, i solen.
Källare som dragits upp med rötterna
kom genom luften.
Verksamhet.
Tryckpressarna krälade.
Just nu var människorna
de enda som var stilla.
De höll en tyst minut.
Och särskilt de döda på lantkyrkogården
var stilla
som när man satt för en bild i kamerans barndom.
Flyg lågt!
Jag visste inte vart jag
vände mitt huvud—
med delat synfält
som en häst.

## THE OPEN WINDOW

I shaved one morning standing
by the open window
on the second story.
Switched on the razor.
It started to hum.
A heavier and heavier whirr.
Grew to a roar.
Grew to a helicopter.
And a voice—the pilot's—pierced
the noise, shouting:
"Keep your eyes open!
You're seeing this for the last time!"
Rose.
Floated low over the summer.
The small things I love, what do they amount to?
So many variations of green.
And especially the red of housewalls.
Beetles glittered in the dung, in the sun.
Cellars pulled up by the roots
sailed through the air.
Industry.
Printing presses crawled along.
People at that instant
were the only things motionless.
They held their minute of silence.
And the dead in the churchyard especially
held still
like those who posed in the infancy of the camera.
Fly low!
I didn't know which way
to turn my head—
my sight was divided
like a horse's.

# PRELUDIER

## I

Jag skyggar för något som kommer hasande på
      tvären i snögloppet.
Fragment ur det som ska komma.
En lösbruten vägg. Någonting utan ögon. Hårt.
Ett ansikte av tänder!
En ensam vägg. Eller finns huset där
fast jag inte ser det?
Framtiden: en armé av tomma hus
som letar sig framåt i snögloppet.

## II

Två sanningar närmar sig varann. En kommer inifrån,
      en kommer utifrån
och där de möts har man en chans att få se sig själv.

Den som märker vad som håller på att hända ropar
      förtvivlat: "Stanna!
vad som helst, bara jag slipper känna mig själv."

Och det finns en båt som vill lägga till—försöker
      just här—
den kommer att försöka tusentals gånger.

Ur skogens mörker kommer en lång båtshake, skjuts
      in genom det öppna fönstret,
in bland partygästerna som dansat sig varma.

# PRELUDES

## I

I shy from something that comes scraping crossways
        through the blizzard.
Fragment out of what is to come.
A wall gotten loose. Something eyeless. Hard.
A face of teeth!
A wall, alone. Or is a house there,
even though I can't see it?
The future . . . an army of empty houses
feeling their way forward in the falling snow.

## II

Two truths approach each other. One comes from inside,
        the other from outside,
and where they meet we have a chance to catch sight
        of ourselves.

The man who sees what's about to take place cries
        out wildly: "Stop!
Anything, if only I don't have to know myself."

And a boat exists that wants to tie up on shore—it's
        trying right here—
in fact it will try thousands of times yet.

Out of the darkness of the woods a long boathook
        appears, pokes in through the open window,
in among the guests who are getting warm dancing.

# III

Våningen där jag bodde större delen av livet ska utrymmas. Den är nu tömd på allt. Ankaret har släppt—trots att det fortfarande råder sorg är det den lättaste våningen i hela stan. Sanningen behöver inga möbler. Jag har rest runt livet ett varv och återkommit till utgångspunkten: ett urblåst rum. Saker jag varit med om här visar sig på väggarna som egyptiska målningar, scener på insidan av en gravkammare. Men de utplånas alltmer. Ljuset är nämligen för starkt. Fönstren har blivit större. Den tomma våningen är en stor kikare som riktas mot himlen. Det är tyst som en kväkarandakt. Det som hörs är bakgårdarnas duvor, deras kuttrande.

# III

The apartment where I lived over half of my life has to be cleaned out. It's already empty of everything. The anthor has let go—despite the continuing weight of grief it is the lightest apartment in the whole city. Truth doesn't need any furniture. My life has just completed a big circle and come back to its starting place: a room blown out. Things I've lived through here become visible on the walls like Egyptian paintings, murals from the inside of the grave chamber. But the scenes are growing fainter, because the light is getting too strong. The windows have got larger. The empty apartment is a large telescope held up to the sky. It is silent as a Quaker service. All you can hear are the doves in the back yard, their cooing.

# UPPRÄTT

I ett ögonblick av koncentration lyckades jag fånga hönan, jag stod med den i händerna. Underligt, den kändes inte riktigt levande: stel, torr, en vit fjäderprydd gammal damhatt som skrek ut sanningar från 1912. Åskan hängde i luften. Från plankorna steg en doft som när man öppnar ett fotoalbum så ålderstiget att man inte längre kan identifiera porträtten.

Jag bar hönan till inhägnaden och släppte henne. Hon blev plötsligt mycket levande, kände igen sig och sprang enligt reglerna. Hönsgården är full av tabu. Men marken omkring är full av kärlek och av sisu. Till hälften övervuxen av grönskan en låg stenmur. När det skymmer börjar stenarna lysa svagt av den hundraåriga värmen från händerna som byggde.

Vintern har varit svår men det är sommar nu och marken vill ha oss upprätt. Fria men varsamma, som när man står upp i en smal båt. Det dyker upp ett minne från Afrika: vid stranden av Chari, många båtar, en mycket vänlig stämning, de nästan blåsvarta människorna med tre parallella ärr på vardera kinden (SARA—stammen). Jag är välkommen ombord—en kanot av mörkt trä. Den är förvånansvärt ranglig, också när jag sätter mig på huk. Ett balansnummer. Om hjärtat sitter på vänster sida måste man luta huvudet något åt höger, ingenting i fickorna, inga stora gester, all retorik måste lämnas kvar. Just det: retoriken är omöjlig här. Kanoten glider ut på vattnet.

# STANDING UP

In a split-second of hard thought, I managed to catch her. I stopped, holding the hen in my hands. Strange, she didn't really feel living: rigid, dry, an old white plume-ridden ladies' hat that shrieked out the truths of 1912. Thunder in the air. An odor rose from the fence-boards, as when you open a photo album that has got so old that no one can identify the people any longer.

I carried her back inside the chicken netting and let her go. All of a sudden she came back to life, she knew who she was, and ran off according to the rules. Hen-yards are thick with taboos. But the earth all around is full of affection and tenacity. A low stone wall half overgrown with leaves. When dusk begins to fall the stones are faintly luminous with the hundred-year-old warmth from the hands that built it.

It's been a hard winter, but summer is here and the fields want us to walk upright. Every man unimpeded, but careful, as when you stand up in a small boat. I remember a day in Africa: on the banks of the Chari, there were many boats, an atmosphere positively friendly, the men almost blue-black in color with three parallel scars on each cheek (meaning the Sara tribe). I am welcomed on a boat—it's a canoe hollowed from a dark tree. The canoe is incredibly rocky, even when you sit on your heels. A balancing act. If you have the heart on the left side you have to lean a bit to the right, nothing in the pockets, no big arm movements, please, all rhetoric has to be left behind. It's necessary: rhetoric will ruin everything here. The canoe glides out over the water.

# BOKSKÅPET

Det hämtades från den dödas våning. Det stod tomt några dagar, tomt, innan jag fyllde det med böcker, alla de inbundna, de tunga. I och med det hade jag släppt in underjorden. Något kom underifrån, steg långsamt och obönhörligt som en ofantlig kvicksilverpelare. Man fick inte vända bort huvudet.

De mörka volymerna, slutna ansikten. De liknar algerierna som stod vid zonövergången Friedrichstrasse och väntade på att Volkspolizei skulle granska passen. Mitt eget pass låg sen länge inne bland glasburarna. Och dimman som fanns i Berlin den där dagen, den finns också inne i bokskåpet. Det finns en gammal förtvivlan därinne, det smakar Passchendaele och Versaillesfreden, det smakar äldre än så. De svarta, tunga luntorna—jag återkommer till dem—de är i själva verket ett slags pass och de är så tjocka därför att man samlat på sig så många stämplar genom århundradena. Man kan tydligen inte resa med nog tungt bagage, nu när det bär av, när man äntligen . . .

Alla de gamla historikerna är där, de får stiga upp där och se in i vår familj. Ingenting hörs men läpparna rör sig hela tiden bakom glaset ("Passchendaele" . .). Man kommer att tänka på ett åldrigt ämbetsverk (nu följer en ren spökhistoria), en byggnad där porträtt av länge sen döda män hänger bakom glas och en morgon var det imma på insidan av glaset. De hade börjat andas under natten.

# THE BOOKCASE

It was moved out of the apartment after her death. It stood empty several days, before I put the books in, all the clothbound ones, the heavy ones. Somehow during it all I had also let some grave earth slip in. Something came from underneath, rose gradually and implacably like an enormous mercury column. A man was not to turn his head away.

The dark volumes, faces closed. They resembled the faces of those Algerians I saw at the zone border at Friedrichstrasse waiting for the East German People's Police to stamp their identity books. My own pass book lay for a long time in the glass cubicles. And the dusky air I saw that day in Berlin I see again in the bookcase. There is some ancient despair in there, that tastes of Passchendaele and the Versailles Peace Treaty, maybe even older than that. Those massive black tomes—I come back to them—they are in their way passports themselves, and they have got so thick because people have had to collect so many official stamps on them over centuries. Obviously a man can't overestimate the amount of baggage he's expected to have, now that it's starting to go, now that you finally . . .

All the old historians are there, they get their chance to stand up and see into our family life. You can't hear a thing, but the lips are moving all the time behind the pane ("Passchendaele" . . .). It reminds me of that tale of an ancient office building (this is a pure ghost story), a building where portraits of long dead gentlemen hung on the wall behind glass, and one morning the office workers found some mist on the inside of the glass. The dead had begun to breathe during the night.

251

Bokskåpet är ändå mäktigare. Blickarna tvärs över zongränsen! En skimrande hinna, den skimrande hinnan på en mörk älv som rummet måste spegla sig i. Och man får inte vända bort huvudet.

The bookcase is even stronger. Looks straight from zone one to the next! A glimmery skin, the glimmery skin on a dark river that the room has to see its own face in. And turning the head is not allowed.

## POSTERINGEN

Jag beordras ut i en hög med stenar
som ett förnämt lik från järnåldern.
De andra är kvar i tältet och sover
utsträckta som ekrar i ett hjul.

I tältet härskar kaminen: en stor orm
som svalt ett klot av eld och väser.
Men det är tyst ute i vårnatten
bland kalla stenar som bidar ljuset.

Här ute i kölden börjar jag flyga
som en schaman, jag flyger till hennes kropp
med de vita fläckarna efter baddräkten.
Vi var mitt i solen. Mossan var het.

Jag stryker längs varma ögonblick
men får inte stanna där länge.
De visslar mig tillbaka genom rymden—
jag kryper fram bland stenarna. Här och nu.

Uppdrag: att vara där man är.
Också i den löjliga, gravallvarliga
rollen—jag är just den plats
där skapelsen arbetar med sig själv.

Det dagas, de glesa trädstammarna
har färger nu, de frostbitna
skogsblommorna går tyst skallgång
efter något som försvann i mörkret.

# SENTRY DUTY

I'm ordered out to a big hump of stones
as if I were an aristocratic corpse from the Iron Age.
The rest are still back in the tent sleeping,
stretched out like spokes in a wheel.

In the tent the stove is boss: it is a big snake
that swallows a ball of fire and hisses.
But it is silent out here in the spring night
among chill stones waiting for the light.

Out here in the cold I start to fly
like a shaman, straight to her body—
some places pale from her swimming suit.
The sun shone right on us. The moss was hot.

I brush back and forth along warm moments,
but I'm not allowed to stay.
I'm whistled back through space—
I crawl among the stones. Back to here and now.

Task: to be where I am.
Even when I'm in this solemn and absurd
role: I am still the place
where creation does some work on itself.

Dawn comes, the sparse tree trunks
take on color now, the frostbitten
forest flowers form a silent search party
after something that has disappeared in the dark.

Men att vara där man är . . . Och vänta.
Jag är ängslig, envis, förvirrad.
Kommande händelser, de finns redan!
Jag känner det. De finns utanför:

En sorlande folkmassa utanför spärren.
De kan bara passera en och en.
De vill in. Varför? De kommer
en och en. Jag är vändkorset.

But to be where I am . . . and to wait.
I am full of anxiety, obstinate, confused.
Things not yet happened are already here!
I feel that. They're just out there:

a murmuring mass outside the barrier.
They can only slip in one by one.
They want to slip in. Why? They do
one by one. I am the turnstile.

Störtande störtande vatten, dån, gammal hypnos.
Ån översvämmar bilkyrkogården, glittrar
bakom maskerna.
Jag griper hårt om broräcket.
Bron en stor fågel av järn som seglar förbi döden.

## SNOW-MELTING TIME, '66

Massive waters fall, water-roar, the old hypnosis.
Water has risen into the car-graveyard—it glitters
behind the masks.
I hold tight to the narrow bridge.
I am on a large iron bird sailing past death.

# LÄNGRE IN

På stora infarten till staden
just före solnedgången.
Trafiken tätnar, kryper,
den är en trög drake som glittrar.
Jag är ett av drakens fjäll.
Plötsligt är den röda solen
mitt framför vindrutan
och strömmar in.
Jag är genomlyst.
En skrift blir synlig inne i mig.
Ord med osynligt bläck
som framträder
då papperet hålls över elden.
Jag vet att jag måste långt bort.
Tvärs genom staden och sedan
vidare, jag måste stiga ur
och vandra länge i skogen.
Gå i grävlingens fotspår.
Det blir mörkt, svårt att se.
Där, i mossan, ligger stenar.
En av de stenarna är viktig,
den kan förvandla allt.
Den kan få mörkret att lysa.
Den är en strömbrytare för hela landet.
Allt hänger på den.
Se den, röra vid den . . .

# FURTHER IN

It's the main highway leading in,
the sun soon down.
Traffic backs up, creeps along,
it's a torpid glittering dragon.
I am a scale on that dragon.
The red sun all at once
blazes in my windshield,
pouring in,
and makes me transparent.
Some writing shows
up inside me—words
written with invisible ink
appearing when the paper
is held over a fire.
I grasp that I have to go far away,
straight through the city, out
the other side, then step out
and walk a long time in the woods.
Walk in the tracks of the badger.
Growing hard to see, nearly dark.
Stones lie about on the moss.
One of those stones is precious.
That stone can change everything.
It can make the darkness shine.
It's the lightswitch for the whole country.
Everything depends on that stone.
Look at it . . . touch it . . .

# ELEGI

Jag öppnar den första dörren.
Det är ett stort solbelyst rum.
En tung bil går förbi på gatan
och får porslinet att darra.

Jag öppnar dörr nummer två.
Vänner! Ni drack mörkret
och blev synliga.

Dörr nummer tre. Ett trångt hotellrum.
Utsikt mot en bakgata.
En lykta gnistrar på asfalten.
Erfarenheternas vackra slagg.

# ELEGY

I open the first door.
It is a large sunlit room.
A heavy car passes outside
and makes the china quiver.

I open door number two.
Friends! You drank some darkness
and became visible.

Door number three. A narrow hotel room.
View on an alley.
One lamppost shines on the asphalt.
Experience, its beautiful slag.

# MARKGENOMSKÅDANDE

Den vita solen rinner ut i smogen
ljuset dryper, det letar sig ner

till mina nedersta ögon som vilar
djupt under staden och blickar uppåt

ser staden underifrån: gator, husgrunder—
liknar flygbilder av en stad i krig

fast tvärtom—ett mullvadsfoto:
tysta fyrkanter i dova färger.

Där fattas besluten. De dödas ben
går inte att skilja från de levandes.

Solljuset ökar i volym, strömmar in
i flygkabinerna och ärtskidorna.

## SEEING THROUGH THE GROUND

The white sun melts down in the smog
the light drips, works its way down

to my underground eyes that are there
under the city, and they see the city

from beneath: streets, blocks of buildings—
like aerial photos of a wartime city

though reversed: a mole photograph . . .
speechless rectangles in gloomy colors.

Things are decided there. No one can tell
the bones of the dead from those of the living.

The sunshine increases, floods into
cockpits and into peapods.

# DEN SKINGRADE FÖRSAMLINGEN

## 1

Vi ställde upp och visade våra hem.
Besökaren tänkte: ni bor bra.
Slummen finns invärtes i eder.

## 2

Inne i kyrkan: valv och pelare
vita som gips, som gipsbandaget
kring trons brutna arm.

## 3

Inne i kyrkan är tiggarskålen
som lyfter sig själv från golvet
och går längs bänkraderna.

## 4

Men klockorna måste gå under jorden.
De hänger i kloaktrummorna.
De klämtar under våra steg.

## 5

Sömngångaren Nicodemus på väg
till Adressen. Vem har Adressen?
Vet inte. Men det är dit vi går.

# THE SCATTERED CONGREGATION

### 1

We got ready and showed our home.
The visitor thought: you live well.
The slum must be inside you.

### 2

Inside the church, pillars and vaulting
white as plaster, like the cast
around the broken arm of faith.

### 3

Inside the church there's a begging bowl
that slowly lifts from the floor
and floats along the pews.

### 4

But the church bells have gone underground.
They're hanging in the drainage pipes.
Whenever we take a step, they ring.

### 5

Nicodemus the sleepwalker is on his way
to the Address. Who's got the Address?
Don't know. But that's where we're going.